한 권으로 끝내는 구글 모바일 앱 광고

# Google

# 모바일 앱 마케팅

임현재 · 이계열 · 여정기 · 김현진 저

DIGITAL BOOKS
디지털북스

**저자 약력**

## 임 현 재

구글 공식 파트너사인 디지털퍼스트(Digital First) 구글광고사업 총괄로 재직 중이며, 국내외 기업의 구글 광고 1000여 개를 진행했다. 저서에 [YouTube 마케팅_한 권으로 끝내는 유튜브 동영상 광고], [GDN&YouTube 마케팅_한 권으로 끝내는 구글 디스플레이 광고]가 있다. Facebook 'Google Adwords Study', YouTube Study' 커뮤니티를 운영 중이다.
저자 이메일 : justhyunjae@gmail.com

## 이 계 열

구글 공식 파트너사인 디지털퍼스트(Digital First) 구글퍼스트팀 리더이며, 구글 앱 마케팅 스페셜리스트이다. 검색 광고 대행사, 디지털에이전시, 미디어 렙사에서 국내외 다양한 업종 500여 개의 디지털 마케팅 프로젝트를 진행했다. 구글 기초, 검색, 디스플레이, 모바일, 유튜브, Analytics 전문가 자격증 보유하고 있다.
저자 이메일 : morrae@gmail.com

## 여 정 기

구글 공식 파트너사인 디지털퍼스트(Digital First) 구글광고사업실 시니어 매니저로 재직 중이다. 국내외 기업의 구글 앱 광고 캠페인 300여 개를 진행했다. 2016년 Google Partners All-Star로 선정(한국 대표)됐으며, 구글 기초, 검색, 디스플레이, 모바일, 유튜브, Analytics 전문가 자격증 보유하고 있다.
저자 이메일 : yjason0214@gmail.com

## 김 현 진

넷마블 UA마케팅팀에서 구글 UA 담당 매니저로 재직 중이다. 국내외 기업의 구글 앱 광고 캠페인 200여 개를 진행했다. 구글 기초, 검색, 디스플레이, 모바일, 유튜브, Analytics 전문가 자격증을 보유하고 있다.
저자 이메일 : voddl00@gmail.com

한 권으로 끝내는 구글 모바일 앱 광고

# Google
# 모바일 앱 마케팅

**| 만든 사람들 |**

**기획** IT · CG 기획부 | **진행** 양종엽 | **집필** 임현재 · 이계열 · 여정기 · 김현진 |
**편집 디자인** 디자인 숲 · 이기숙 | **표지 디자인** D.J.I books design studio 김진

**| 책 내용 문의 |**

도서 내용에 대해 궁금한 사항이 있으시면,
디지털북스 홈 페이지의 게시판을 통해서 해결하실 수 있습니다.

**디지털북스 홈 페이지** : www.digitalbooks.co.kr
**디지털북스 페이스북** : www.facebook.com/ithinkbook
**디지털북스 카페** : cafe.naver.com/digitalbooks1999
**디지털북스 이메일** : digital@digitalbooks.co.kr

**| 각종 문의 |**

**영업관련** hi@digitalbooks.co.kr
**기획관련** digital@digitalbooks.co.kr
**전화번호** 02 447-3157~8

구글 모바일 앱 광고는 전 세계에서 가장 고도화된 모바일 앱 마케팅 방식 중 하나다. 앱 서비스를 하고 있는 기업이라면 이젠 선택이 아닌 필수다. 광고 설정 방식이 매우 단순화되어 단 5분 만에도 구글 모바일 앱 광고를 설정해 진행할 수 있다. 더욱 매력적인 것은 이렇게 익힌 광고 운영 방식으로 국내를 포함한 전 세계 어느 곳이든 온라인 마케팅을 할 수 있다는 점이다.

이 책은 구글 모바일 앱 광고를 누구나 쉽게 따라 할 수 있는데 목표를 두었다. 구글 모바일 앱 광고를 활용해 자사의 앱 설치 유도, 앱 내에서의 특정 액션 유도, 기존 앱을 삭제했거나 장기간 사용하지 않는 유저들에게 앱 사용과 참여를 유도할 수 있다.

또 경쟁사보다 더 좋은 광고 효율을 얻을 수 있는 광고 최적화 기법을 소개했다. 광고 설정 방식 하나하나를 이미지로 넣어, 이론적 이해뿐만 아니라 바로 실행할 수 있도록 프로세스를 상세히 설명했다.

네 명의 저자는 실제 현업에서 우리나라를 포함한 글로벌 주요 기업의 구글 모바일 광고를 담당해온 마케터들이다. 게임, 서비스, 엔터, 교육, 금융 등 모든 산업군의 앱 광고 캠페인을 진행하고 경험해 모바일 앱 광고의 실질적인 정보를 담았다.

이 책에 담은 내용은 앱을 기반으로 한 기업 마케팅 담당자, 효율적인 구글 모바일 앱 광고를 하고자 하는 온라인 광고 대행사 마케터, 온라인 마케팅 전공자, 취업 준비생들에게 도움이 될 것이라고 확신한다.

끝으로 이 책이 나오기까지 많은 도움과 응원을 아끼지 않은 글로벌 No.1 구글광고전문가그룹인 Google First Team 동료, 디지털퍼스트 (Digital First) 임직원 여러분께 감사의 말을 전하고 싶다.

2019년 1월
임현재, 이계열, 여정기, 김현진

# CONTENTS

머리말 • 03

▶ **PART 01**

## Google Ads 입문하기

구글애즈란 • 10

구글애즈 광고 상품 소개 • 12

구글애즈 광고 입찰 방식 • 16

▶ **PART 02**

## Google Ads 광고 시작하기

구글애즈 로그인 정보로 사용할 'G메일 만들기' • 20

구글 모바일 앱 광고를 위한 '구글애즈 계정' 생성하기 • 24

광고비 충전(결제)하기 • 27

무료 광고 쿠폰 사용하기 • 28

▶ **PART 03**

## Google UAC 광고 알아보기

UAC 광고란 • 32

UAC 광고 게재 지면 확인 • 34

UAC 광고 종류 • 38

▶ **PART 04**

## Google UAC 광고 설정하기

UAC 1.0 광고 설정하기 • 44

UAC Advanced 광고 설정하기 • 52

UAC for Action 광고 설정하기 • 53

App Engagement(앱 참여) 광고 설정하기 • 55

**▶ PART 05**

# Google UAC 광고 최적화 하기

UAC 광고 최적화란 • 62

UAC 광고 최적화 핵심 전략 • 63

UAC 광고 소재별 최적화 • 67

App Engagement 광고 최적화 • 70

UAC 광고 리포트 보기 • 72


**▶ PART 06**

# Google UAC 전환 알아보기

전환이란 • 78

전환 설정하기 • 79

전환 성과 확인하기 • 81


**▶ PART 07**

# Google UAC 전환 설정하기

Codeless(인스톨, 구매 등) 생성하기 • 86

구글애즈 계정과 3rd Party 트래킹 툴 연결하기 • 91

구글 파이어베이스(Firebase) 연결하기 • 94


**▶ PART 08**

# 3rd Party 트래킹 툴 연동하기

adbrix 연동하기 • 98

TUNE 연동하기 • 102

AppsFlyer 연동하기 • 104

► **PART 09**

# 앱 인지도 확대를 위한
# 유튜브 & 디스플레이(GDN) 광고하기

마스트헤드(Masthead) • 108

트루뷰 인스트림(Trueview Instream) • 112

트루뷰 디스커버리(Trueview Discovery) • 116

범퍼애드(Bumper Ad) • 119

구글 디스플레이 광고(前 GDN) • 122


► **PART 10**

# 구글 모바일 전문가 자격증 취득하기

구글 모바일 인증 합격을 위한 모의고사 • 130

구글 기초 인증 합격을 위한 모의고사 • 139

Google Ads 모바일 인증 시험 응시하기 • 149


► **PART 11**

# 구글 모바일 광고 '완전 정복'을 위한
# 용어정리

계정 • 156

검토 중 • 156

구글애즈(Google Ads) • 156

게재 빈도 설정 • 156

게재 위치 • 156

게재위치 타겟팅 • 156

계정 예산 • 157

계정 변경 기록 • 157

구글 네트워크 • 157

고객 ID(CID) • 157

광고게재순위 • 157

광고확장 • 157

네이티브 광고 • 157

노출수 • 158

동영상 재생 진행률 • 158

디스플레이 네트워크 • 158

딥링크 • 158

리마케팅 • 158

무효클릭(부정클릭) • 158

키워드(문맥) 타겟팅 • 159

방문페이지 • 159

반응형 광고 • 159

선점 도메인 사이트 • 159

수동결제 • 159

수동 CPC(Cost Per click) 입찰 • 159

순쿠키수 • 160

CPA(Cost Per Action) • 160

CPI(Cost Per Install) • 160

CPV(Cost Per View) • 160

CPM(Cost Per Mille) • 160

CTR(Click Through Rate) • 160

스마트 입찰 • 160

SDK(소프트웨어 개발 키트) • 161

UAC(Universal App Campaign) • 161

Active View • 161

애드센스(AdSense) • 161

앱 인게이지먼트(App Engagement Campaign) • 161

예산 제약 • 161

위치타겟팅 • 162

인앱 액션 • 162

일예산 • 162

자동입찰 • 162

전환 • 162

전환율 • 162

조회수 • 163

조회율(VTR, View Through Rate) • 163

조회 가능 CPM(vCPM) 입찰 • 163

최대 CPC 입찰가 • 163

최종 도착 URL • 163

코드리스(codeless): 코드를 사용하지 않고 전환 추적 • 163

캐시 • 163

캠페인 • 164

쿠키 • 164

클릭수 • 164

키워드 • 164

타겟 CPA 입찰 • 164

타사 앱 분석 • 164

투자수익(ROI) • 165

Firebase • 165

표시 URL • 165

품질평가점수 • 165

향상된 CPC 입찰기능(ECPC) • 165

# PART 01

# Google Ads
# 입문하기

▶ 구글애즈란?

▶ 구글애즈 광고 상품 소개

▶ 구글애즈 광고 입찰 방식

# [ 구글애즈란? ]

구글 모바일 앱 광고를 시작하기 위해서는 광고를 집행할 Google Ads(이하 구글애즈)에 대한 이해가 필수다. 구글애즈는 우리에게 익숙한 구글 애드워즈(Google Adwords)의 새로운 이름으로, 2018년 9월부터 정식 사용됐다.

**"구글애즈는 구글의 모든 광고가 송출되는 곳"**

구글애즈는 이메일만 있다면 전 세계, 언제, 어디서든, 누구나 쉽게 온라인 마케팅을 할 수 있는 구글의 광고 프로그램이다. 이곳에서는 자신의 마케팅 목표에 따라 검색 광고, 디스플레이 광고(前 GDN), 유튜브 광고, 모바일 앱 광고 등 광고 상품을 선택하고 타겟팅 전략을 세워 광고할 수 있다.

구글애즈의 장점은 실시간으로 광고 성과를 확인하여 대응할 수 있다는 점이다. 광고 집행 방식이 직접 운영(Self-Serve)이기 때문에, 광고 타겟팅, 광고 소재, 광고 예산 등을 실시간으로 적용할 수 있다. 광고 성과 역시 바로바로 확인하면서 광고의 효율을 높이는 최적화 진행이 가능하다.

구글애즈는 전 세계 매체사 중 가장 빠른 상품 및 기능, UI 업데이트를 자랑하고 있다. 때문에 온라인 광고를 하는 마케터라면 이러한 변화를 빠르게 인지하고 대처해야 한다. 이런 관점에서 구글애즈는 선택이 아닌 필수다.

**"구글 애드센스는 구글 광고가 게재되는 곳"**

구글애즈를 진행하기 위해서는 구글 애드센스(AdSense)에 대한 이해가 필요하다. 애드센스는 구글애즈와 반대 개념의 광고 프로그램이다. 구글이 지난 2003년 6월 18일 선보인 애드센스는 트래픽을 갖고 있는 웹사이트, 애플리케이션, 동영상 소유주라면 누구나 가입을 통해 구글과 광고 수익을 창출하고 나눌 수 있다. 다시 말하면 애드센스는 구글애즈에서 송출되는 구글의 다양한 광고를 싣고, 그곳에서 발생하는 광고 수익을 게재 지면 소유자와 나누게 한다.

**"구글애즈는 크롬(Chrome) 브라우저에서"**

크롬은 구글의 웹 브라우저다. 구글애즈를 비롯해 애드센스, 구글 애널리틱스 등 구글의 다양한 마케팅 도구(Tool)를 사용할 때는 익스플로러보다 크롬을 사용하는 것이 좋다. 크롬은 구글애즈 사용자 환경에 최적화되어 있어 페이지 로딩 속도나 다양한 기능을 원활히 사용할 수 있다. 익스플로러를 사용해 구글애즈를 운영하다 보면 일부 기능이 활성화되지 않거나 로딩 속도가 느릴 때가 있다. 따라서 구글애즈 운영 시 있는 크롬 브라우저를 사용하는 것은 필수다.

구글 애즈에서 집행 가능한 구글의 광고 상품을 간단히 알아보도록 하자.

# 〔 구글애즈 광고 상품 소개 〕

### 구글 검색 광고(Search Ads)

구글 검색 광고는 구글 검색 창에서 특정 키워드를 넣었을 때 검색 결과 상단에 표시되는 광고를 말한다. 원리는 네이버 검색 광고와 유사하다. 예를 들어 영어 공부를 하기 위해 인터넷을 통해 알아보고 있는 중이라 가정한다. 구글(www.google.com)에 접속한 후 '영어회화'라는 키워드로 검색한다면 다음과 같은 화면이 노출된다.

제목과 설명 문구, 랜딩 URL로 구성되고 [광고]라는 표시가 붙는다. 유저가 클릭을 하면 광고를 게재한 광고주는 일정 비용을 구글에 지불해야 한다. 반대로 유저가 클릭은 하지 않고 보기만 한다면 광고 비용은 발생하지 않는다. 구글 검색 광고는 경매형 입찰 방식으로 CPC×품질평가점수로 광고 게재 순위가 정해져 노출된다.

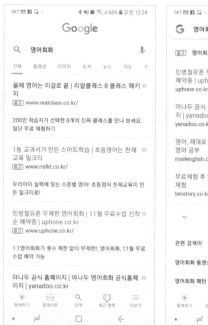

구글 모바일 검색 광고 노출 화면 예시

## 구글 디스플레이 광고(Display Ads, 前 GDN)

구글 디스플레이 광고는 구글이 제휴 맺고 있는 언론사, 커뮤니티, 블로그 등 웹사이트 또는 앱 지면을 통해 광고가 노출되는 방식이다. 해당 광고 지면에서는 이미지 또는 텍스트, 영상 등의 형태로 광고가 노출된다. 구글은 약 90% 이상의 국내 디스플레이 네트워크 지면에 도달할 수 있을 정도로 매우 넓은 커버리지를 보이고 있다. 주요 포털사이트 및 뉴스, 언론, 엔터테인먼트 지면 등 광범위한 인벤토리 내에서 구글 광고가 어떻게 표시되고 있는지 예시로 확인해보자.

뉴스 지면 내 빨간색 박스로 하이라이트 표기되어 있는 것이 구글 디스플레이 광고이다. 배너 내 오른쪽 상단의 아이콘을 클릭하면 'Google 광고'임을 표기하고 있어 쉽게 확인 가능하다. 하단 그림은 이미지 배너 광고 형태에 대한 예시로, 다양한 사이즈로 여러 지면을 통한 노출이 가능한 것을 확인할 수 있다.

광고 입찰 방식은 CPC(Cost Per Click, 클릭당 비용, 종량제)와 CPM(Cost Per Mille, 1000회 노출당 광고 비용, 정액제) 중 선택할 수 있으며, CPC×품질평가점수로 광고게재 순위가 정해져 노출된다.

구글 디스플레이 광고 노출 화면 예시, 구글 디스플레이 광고는 광고 소재 오른쪽 상단에 'ⓘ'가 표시 됨

## 유튜브 동영상 광고(Video Ads)

유튜브 동영상 광고는 유튜브 시청자들을 대상으로 자사의 제품과 브랜드, 서비스 등을 알릴 수 있다. 가장 대표적인 광고 방식은 '트루뷰 인스트림(TrueView Instream)'으로 광고 play 5초 뒤 '건너뛰기(Skip)' 버튼이 등장한다. 5초의 시간은 시청자가 광고를 볼 것인지, 안 볼 것인지 판단하게 하는 장치이다. 광고 영상의 길이가 30초 이상일 경우 30초 이상 광고를 시청해야 과금이 된다. 반대로 30초가 되기 전에 시청자가 '건너뛰기'를 하게 되면 무료로 노출된다. 광고 영상 길이가 30초 미만일 경우 광고를 끝까지 시청해야만 과금이 되는데, 이와는 별개로 영상 시청 시간과 관련 없이 보고 있는 광고 영상의 클릭 영역을 클릭하더라도 과금이 된다.

'트루뷰 디스커버리(TrueView Discovery)' 광고는 유튜브 검색 결과와 추천 영상 영역 상단에 게재되면 클릭당 광고 비용이 청구된다. 이 외에도 6초 미만의 광고 소재만을 사용하는 '범퍼애드(Bumper Ad)', 유튜브 모바일, PC, 태블릿 첫 화면 상단에 24시간 고정으로 광고가 게재되는 마스트헤드 등의 광고 상품이 있다.

트루뷰 인스트림 광고와 디스커버리, 범퍼애드 모두 입찰 방식의 경매형으로, CPV/CPM × 품질평가점수로 광고 게재순위가 정해져 노출된다.

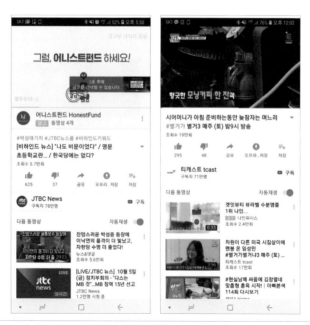

왼쪽은 트루뷰 인스트림 광고, 오른쪽은 트루뷰 디스커버리 광고 노출 화면 예시

## 모바일 앱 광고(App Ads)

모바일 앱 광고는 기본적으로 '앱 다운로드'를 유도하는 광고로, UAC(Universal App Campaign, 유니버셜 앱 캠페인)라 부른다. UAC는 구글이 보유하고 있는 검색, 디스플레이, 비디오, Gmail 등 모든 네트워크를 통해 앱 다운로드를 유도하는 방식이다. 단 스마트폰에 이미 해당 앱을 설치하고 있는 유저에게는 광고가 노출되지 않는다. 과금 방식은 검색과 디스플레이 영역에서는 CPC, 영상 영역에서는 CPM으로 과금된다. 광고 게재순위는 CPC/CPM×품질평가점수로 결정된다.

모바일 앱 광고는 2017년 11월을 기점으로 AI 기반의 'UAC' 캠페인으로 통합되어 운영되고 있다. UAC 캠페인은 기본적으로 자동 최적화를 기반으로 운영되는 캠페인이기 때문에 마케터 입장에서는 쉽게 컨트롤 할 수 있는 광고이기도 하다.

첫 번째 구글 검색 결과, 두 번째 구글플레이 검색 결과, 세 번째 유튜브 영상 시청 페이지에 노출되는 구글 모바일 앱 광고 화면 예시

# [ 구글애즈 광고 입찰 방식 ]

구글애즈를 통해 진행할 수 있는 입찰 방식은 기본적으로 '경매형'이다. 경매형이란 입찰가×품질평가점수를 기반으로 광고 게재순위가 매겨져 광고 노출의 기회를 얻는 방식을 말한다. 광고품질평가 점수가 높으면 낮은 과금이 발생하고, 반대로 광고 품질평가점수가 낮으면 비싼 광고 비용을 지불해야 한다.

❶ CPC(Cost Per Click) 입찰: 주로 검색 및 디스플레이 네트워크 광고에 쓰이는 입찰 방식으로, 클릭당 비용을 기준으로 광고 비용을 청구하게 된다. 구글애즈는 지불 의사가 있는 최대한의 CPC로 비용을 설정하게 되며, 이를 최대 CPC라고 한다.

❷ CPV(Cost Per View) 입찰: 동영상 광고에 대한 입찰 방식으로, 동영상이 재생될 때마다 비용을 지불하는데, 주로 영상 조회당 지불하고자 하는 최대 금액으로 CPV를 설정한다.

❸ CPM(Cost Per Mille) 입찰: 디스플레이 네트워크 광고나 범퍼애드 광고를 진행할 때 활용하는 입찰 방식으로, 1,000회 노출당 비용을 뜻하는 정액제 방식이다. 주로 브랜드 인지도를 넓히고자 할 때 CPM 입찰을 진행한다.

❹ 타겟 CPA(Cost Per Action) 입찰: 설정된 타겟 전환당비용으로 최대한 많은 전환이 발생하도록 입찰가를 설정하는 자동 입찰 전략이다.

광고품질평가점수는 유저들에게 얼마나 우수한 광고를 내보내고 있느냐를 평가하는 지표이다. 점수는 1~10점까지로 CTR/VTR이 결정적인 역할을 한다. 광고품질평가점수가 높으면 광고 게재순위가 상승하고, CPC가 낮아져 광고 효율을 높일 수 있다.

품질평가점수에 반영되는 요소는 다양하다. 클릭율(CTR), 해당 URL의 과거 광고 실적, 랜딩 페이지 오픈 속도, 광고 문안과 랜딩 페이지 콘텐츠의 연관성 등이다. 그 중에서도 가장 중요한 요소는 클릭률로, 노출 대비 클릭 비율을 나타내는 이 지표가 낮으면 광고품질평가점수가 낮아지고, 결과적으로 CPC 상승으로 인해 광고 성과가 저조해진다.

# PART 02

# Google ads
# 광고 시작하기

구글애즈 계정을 생성하기 위해서는 먼저 로그인 정보로 사용할 G메일(www.gmail.com)을 만들어야 한다. G메일을 만들 때는 개인용이 아닌 공동으로 관리할 수 있도록 관련 정보를 넣는 것이 중요하다. 간혹 회사나 기관에서 구글애즈 계정 등을 마케팅 담당자의 개인 이메일로 만들어, 담당자가 퇴사하거나 부서를 이동할 경우 곤란을 겪는 경우가 많다.

▶ 구글애즈 로그인 정보로 사용할 'G메일 만들기'
▶ 구글 모바일 앱 광고를 위한 '구글애즈 계정' 생성하기
▶ 광고비 충전(결제)하기
▶ 무료 광고 쿠폰 사용하기

# [ 구글애즈 로그인 정보로 사용할 'G메일 만들기' ]

## 1. G메일(www.gmail.com) 페이지 > 옵션 더보기 > 계정 만들기 클릭

Google

## 로그인

Google 계정 사용

이메일 또는 휴대전화

|

이메일을 잊으셨나요?

내 컴퓨터가 아닌가요? 게스트 모드를 사용하여 비공개
로 로그인하세요. 자세히 알아보기

계정 만들기                          다음

한국어 ▾                    도움말    개인정보 보호    약관

## 2. G메일 계정 만들기_아이디, 비밀번호 등 정보 기입

## 3. 전화번호 인증 및 인증 코드 입력

## 4. 복구 이메일, 출생년도, 성별 넣기

Google

# Google에 오신 것을 환영합니다

👤

gfjason0214@gmail.com

전화번호(선택사항)

🇰🇷 ▼   010

전화번호는 계정 보안용으로 사용됩니다. 다른 사용자에게는 전화번호
가 표시되지 않습니다.

복구 이메일 주소(선택사항)

계정을 안전하게 보호하기 위해 사용합니다

연도        월        ▼   일

생일

개인정보를 비공개로 안전하게 유
지합니다.

성별                          ▼

이 정보가 필요한 이유

뒤로               다음

한국어 ▼                         도움말    개인정보 보호    약관

## Google

# 개인정보 보호 및 약관

아래에서 '동의'를 선택하면 Google 서비스 약관 및 위치
정보 이용약관에 동의하게 됩니다.
또한 다음 주요 사항과 개인정보 수집항목·이용목적·보유
기간이 포함되어 있는 Google 개인정보처리방침에도 동
의하게 됩니다.

**사용자가 Google을 사용할 때 Google에서 수집 및 이용하
는 데이터**

- Google 계정을 설정할 때 제공하신 이름, 이메일 주소,
  전화번호와 같은 정보가 저장됩니다.
- 사용자가 Google 지도에서 식당을 검색하거나
  YouTube에서 동영상을 시청할 때 Google에서는 사용
  자의 활동에 관한 정보(예: 시청한 동영상, 기기 ID, IP
  주소, 쿠키 데이터, 위치)를 수집 및 이용할 수 있습니
  다.
- 또한 Google에서는 사용자가 Google 서비스(예: 광고,
  애널리틱스, YouTube 동영상 플레이어)를 사용하는 앱
  또는 사이트를 사용하는 경우에도 위에 설명한 종류의
  데이터를 수집 및 이용합니다.

**Google이 정보를 처리하는 이유**

Google은 Google 전체에 걸쳐 다음과 같은 목적으로 이

Google에서 수집하는 데이터와 사
용 방법을 관리할 수 있습니다.

한국어 ▼          도움말     개인정보 보호     약관

# [ 구글 모바일 앱 광고를 위한 '구글애즈 계정' 생성하기 ]

구글 모바일 앱 광고를 진행하기 위해서는 구글애즈 계정을 만들어야 한다. 아래 4 단계 프로세스를 통해 나만의 구글애즈 계정을 손쉽게 생성할 수 있다.

## 1. 구글애즈 계정(www.google.co.kr/ads/) 생성 페이지로 이동 후 10만원 무료 광고 쿠폰코드 받기(쿠폰코드 및 사용에 대한 안내 이메일이 로그인 이메일로 전송됨)

## 2. 10만원 광고 쿠폰코드 받기 프로세스 완료 후 '지금 시작하세요' 클릭

## 3. '설정 가이드 단계를 건너뜁니다' 클릭

'설정 가이드 단계를 건너 뜁니다'는 결제 정보 입력 및 최초 결제 프로세스를 건너뛰고, 바로 구글애즈 계정을 생성하는 방식이다. 이는 결제 정보를 바로 넣지 않고 광고 캠페인 설정을 연습할 수 있는 조건의 계정으로 만드는 것이다. '결제 정보'를 생략할 수 있어 편리하며, 이후 광고를 실제로 집행할 때 광고비 결제 프로세스를 밟으면 된다.

## 4. 구글애즈 이메일, 국가, 시간대, 통화 확인 후 '저장하고 계속하기' 클릭

(주의사항으로는 국가와 시간대, 통화는 한 번 설정하면 변경이 불가능하니 꼼꼼한 확인이 필요하다)

## 5. 구글애즈 계정 생성 완료

# [ 광고비 충전(결제)하기 ]

구글애즈 광고 캠페인 세팅을 완료한 이후 광고비 결제를 통해 광고를 진행할 수 있다. 광고비 결제는 먼저 아래 이미지와 같이 '도구 〉 청구 및 결제' 항목을 클릭한다. 결제 설정에 필요한 각 항목별 정보를 넣고 결제(최소 16,000원 이상)를 진행하면 완료된다.

# [ 무료 광고 쿠폰 사용하기 ]

구글애즈 신규 계정을 생성하면 10만 원의 광고를 무료로 집행할 수 있는 프로모션 코드가 발급된다. 이 코드는 구글애즈 계정 로그인 이메일로도 발송되기 때문에 코드 번호를 잊은 경우 이메일 함에서 확인 가능하다.

프로모션 코드를 사용하려면 최소 3만 원 이상의 광고비를 지출해야 한다. 쿠폰 적용은 구글애즈 계정 〉 도구 〉 청구 및 결제 〉 프로모션 코드 관리 등 안내되는 내용대로 적용하면 된다.

# PART 03

# Google UAC
# 광고 알아보기

▶ UAC 광고란
▶ UAC 광고 게재 지면 확인
▶ UAC 광고 종류

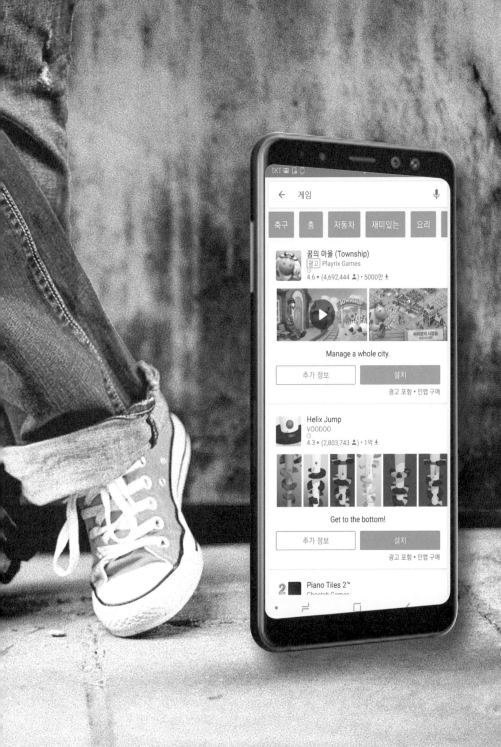

# [ UAC 광고란 ]

모바일 앱 마케팅의 필수이자 핵심인 구글 유니버설 앱 캠페인(이하 UAC, Universal App Campaign)을 알아보자. 구글 UAC는 별도의 타겟팅 설정 없이도 구글이 보유한 검색(Google.com), 디스플레이 네트워크, 유튜브, 구글 플레이, Gmail 등 다양한 네트워크에서 자사의 광고를 노출시켜 앱 설치를 유도할 수 있다. 광고 소재로 사용할 간단한 몇 줄의 텍스트, 이미지 배너, 동영상과 위치/언어/일예산/입찰가만 설정하면 된다.

앱 서비스를 하고 있는 기업들은 더 많은 사용자들이 자신들의 앱을 사용하길 원한다. 이러한 잠재적 사용자들을 찾아내고, 앱 설치를 유도할 수 있는 광고 방식이 바로 UAC 광고다. UAC 광고는 구글의 광고 프로그램인 구글애즈를 통해 진행한다.

UAC 광고는 구글이 보유한 다양한 유저 정보를 활용하여 앱을 사용할 유저에게 노출시키고 앱 다운로드를 유도한다. 여기서 사용되는 유저 정보는 구글 검색(google.com), 구글 플레이 검색(Play store), 구글 플레이에서의 앱 설치 및 앱 내 활동, 모바일 웹 브라우저에서의 히스토리, 유튜브 내에서의 검색과 시청 동영상 등의 시그널로 만들어진다.

UAC 광고 캠페인 설정 시 필요한 구성 요소는 광고 문안, 캠페인 목표, 입찰가, 광고 애셋으로 매우 간단하다. 각 단계별 요소들만 입력하면 이후부터는 구글 머신 러닝이 알아서 잠재 고객을 찾아다니며 마케팅 목표를 충족시켜 준다.

UAC 광고는 개별 광고를 직접 만들지 않아도 된다. Text Copy 4줄, 이미지 소재 20개, 영상 소재 20개를 등록하면 자동으로 광고를 조합하여 이용자들에게 노출시키는 형태이다. 이미지 소재와 영상 소재의 경우 최대 등록 수가 20개이기 때문에 반드시 20개씩 등록하지는 않아도 되며, 소재가 없을 경우 Text Copy 4줄만으로도 광고 운영이 가능하다.

또한 직접 등록한 소재 이외에도 자동으로 앱 스토어에 등록된 정보를 광고에 사용할 수 있다. 앱 스토어에 등록된 정보를 기반으로 자동으로 영상 소재를 생성하여 광고 노출을 하는 등 광고 문안과 애셋을 사용하여 다양한 네트워크에 여러 형식으로 게재할 수 있다.

이렇게 광고 소재들을 적용한 후 캠페인 목표, 입찰가, 예산, 타겟 국가와 언어를 설정하면 캠페인 세팅은 완료된다. 세팅이 완료된 후 구글애즈 시스템에서 광고 소재들을 다양하게 조합하여 테스트 후 실적이 가장 좋을 것으로 예상되는 광고 구성으로 노출하게 된다. 첫 광고가 노출되기 전까지 지금까지 설명한 내용 이외에 운영자가 별도로 수행해야 하는 프로세스는 없다.

기본적으로 UAC 광고는 각각의 앱 다운로드에서 최상의 가치를 창출할 수 있도록 입찰 및 타겟팅을 자동으로 최적화한다. 인앱 액션과 같은 캠페인 목표에 맞추어 최적의 유저에게 광고를 노출시켜 앱 다운로드를 유도한다. 특정 인앱 액션을 확보하기 위해 캠페인 목표에 맞추어 타겟팅을 자동으로 조정하기 때문에 앱 다운로드뿐만 아니라 인앱 액션도 최적화가 가능하다.

타겟팅 뿐만 아니라 광고 소재들도 최적화가 진행된다. 다양한 광고들이 조합되어 노출되면서 캠페인 목표를 극대화할 수 있는 조합들 위주로 게재되도록 자동 최적화가 이루어진다. 예를 들어 A 광고 문안과 B 광고 문안 중 A 광고 문안의 실적이 더 좋을 경우, A 광고 문안이 더 자주 게재될 수 있도록 최적화가 진행되는 형태이다.

# [ UAC 광고 게재 지면 확인 ]

UAC 광고는 구글 모바일 검색 결과, 구글 플레이 스토어, 구글 디스플레이 네트워크, 유튜브에 노출된다. 각 지면별로 어떻게 광고가 게재되는지 확인해보자.

### 구글 모바일 검색 결과 지면

구글 모바일 검색창에서 특정 키워드를 넣으면 앱 설치를 유도하는 광고가 노출된다. 아래 이미지는 각각 게임과 여행이라는 키워드를 검색했을 때 나오는 결과들이다. 원하는 광고를 클릭하면 해당 앱 설치가 가능한 구글플레이 상세페이지로 이동한다.

## 구글 모바일 디스플레이 네트워크 지면(Google Display Network)

구글 모바일 디스플레이 네트워크(Google Display Network) 지면은 구글이 제휴하고 있는 각종 커뮤니티, 언론사, 블로그 등 다양한 앱과 웹 지면으로 구성되어 있다. 디스플레이 네트워크에서 광고가 게재될때에는 광고 소재 한 켠에 'ⓘ'가 표시된다. 구글의 광고라는 것을 표시하는 것이다.

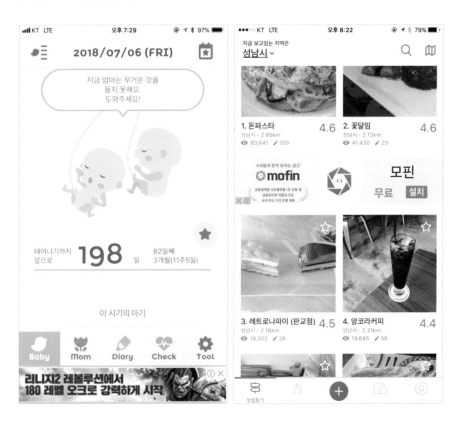

## 유튜브 광고 지면

유튜브 내 다양한 지면에서도 구글 UAC 광고가 노출된다. 아래 이미지와 같이 트루뷰 인스트림과 동일한 방식으로 광고 영상이 노출되고, 영상 바로 밑에 해당 앱을 설치할 수 있는 배너가 노출된다. 이 배너를 클릭하면 앱을 설치하는 프로세스가 나타난다. 또 추천영상 영역 상단에도 텍스트와 이미지 형태로 앱 설치를 유도하는 광고가 노출된다.

## 구글플레이 검색 결과 지면

구글 플레이(Google Play) 검색 결과에서도 UAC 광고가 노출된다. 아래 이미지와 같이 검색창에 각각 게임과 쇼핑을 넣으면 첫 번째 위치에서 광고가 보여진다

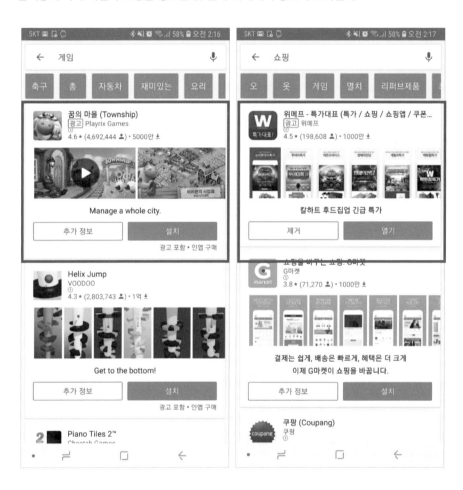

# [ UAC 광고 종류 ]

### UAC 1.0 광고

UAC 광고의 가장 기본적인 형태로, UAC 1.0 광고라 부른다. 신규 앱 설치를 목적으로 한다. 특징은 신규 앱 설치자를 최대로 유입시키기 위해 입찰가와 타겟팅이 캠페인 단위에서 자동 최적화 된다.

구글애즈에서 기본적인 광고 성과는 모두 측정 가능하다. Android 기기 사용자에게는 별도의 추적 코드가 없어도 구글 플레이에서의 앱 설치(Install) 수가 자동으로 업데이트 된다.

iOS 기기 사용자는 자신에게 노출된 광고를 본 후 광고를 클릭해야 앱스토어(App Store)로 연결되기 때문에 앱 설치(Install) 수 확인을 위한 별도의 트래킹 툴 설치가 필요하다.

아래 그림을 보면 캠페인 최적화 내 설정할 수 있는 박스 2개가 있다. UAC 1.0과 같이 신규 유저 유입을 극대화하기 위해서는 캠페인 최적화의 중점은 '설치 수량'으로, 사용자 유형 타겟팅은 '모든 사용자'로 설정한다.

UAC 1.0 광고 설정 예시 화면

## UAC Advanced(UAC 2.0) 광고

UAC Advanced(UAC 2.0) 광고는 1.0 광고보다 신규 앱 설치자 확보에 최적화 되어 있다. 단순 신규 유저를 유입하기 위한 캠페인이 아닌 좀 더 가치 있는 진성 유저 확보를 위한 최적화 기술이 업데이트 됐다.

UAC Advanced 역시 '앱 설치 확대'에 초점을 두고 광고가 자동 운영된다. 기존 UAC 1.0 광고와 차이점이 있다면 잠재 고객을 찾아가는 타겟팅 방식이 다르다는 것이다. UAC 1.0 광고는 '모든 사용자'를 타겟팅 한다면, UAC Advanced는 '특정 인앱 액션을 취할 가능성이 높은 사용자'를 타겟팅 한다.

다시 말하면 UAC Advanced 광고는 앱 설치는 물론 앱 내에서 추가적인 액션, 예를 들어 앱 내 구매, 회원가입, DB 입력 등의 내용까지도 기대할 수 있도록 캠페인이 최적화된다.

인앱 액션 광고는 앱 내에 각 액션별 전환 추적 설정을 전제로 한다. 자사 앱 내 Firebase 또는 타사 앱 분석의 SDK를 설정한 뒤, 원하는 이벤트를 삽입한 후 구글애즈와 연결한다. 정상적으로 연동되면 자신의 KPI에 맞는 신규 유저 획득 캠페인을 진행할 수 있다.

UAC Advanced 광고 설정 예시 화면

## UAC for Action 광고

앱이 출시되고 나서 신규 유저 확보가 원활히 이뤄졌다면 인앱 액션을 보다 적극적으로 유도해야 하는 시점이 온다. 이는 설치 이외에도 전환 가능성이 더 높은 사용자를 확보하는 것을 광고의 목표로 한다.

UAC for Action와 UAC 1.0 / UAC Advanced의 차이점은 다음과 같다. UAC 1.0 / UAC Advanced는 신규 설치자를 중심으로 광고 운영 방식이 최적화된다. 반면 UAC for Action은 내가 목표로 하는 앱 내의 액션(구매, 회원가입, DB 입력 등)을 잘 할 수 있는 사용자를 타겟팅하는 데에 운영 방식이 집중된다.

또 다른 차이점은 Target CPA(입찰가) 설정에 있어, UAC 1.0과 Advanced에서는 신규 설치 유저를 대상으로 하고, UAC for Action에서는 인앱 액션 전환을 기준으로 한다는 것이다. 신규 설치는 앱 다운로드 프로모션의 가장 첫 단계로, 그 후 이루어지는 인앱 액션의 Target CPA는 높게 설정되어야 한다.

UAC for Action 광고 설정 예시 화면

## App Engagement(앱 참여) 광고

App Engagement 광고 캠페인은 1) 기존 사용자를 대상으로 앱을 다시 사용하도록 유도하거나 2) 앱을 실행하고 특정 액션을 수행하도록 유도하려고 할 때 매우 효과적인 방법이다. 이러한 캠페인을 통해 광고를 게재하면 전환 집계, 입찰 및 타겟팅을 더욱 유연하게 적용할 수 있다.

앱과 구글애즈를 연결한 상태라면, 자사 앱 콘텐츠에 관심이 있는 사용자에게만 광고 게재를 집중시킬 수 있다. 사용자가 앱을 어떻게 사용하는지 추적하고 어떤 광고를 통해 액션이 발생하고 있는지 알아보려면 앱에서 발생하는 구체적인 참여 액션을 전환으로 추적하여 확인하면 된다.

단, 구글애즈 상에서 기존 App Engagement 광고 방식의 진행은 2018년 9월에 종료되었다. 현재 업데이트 중이며, 4분기 내에 새롭게 업데이트 될 예정이다. UAC 캠페인으로 종속이 될 예정으로, 위에서 설명한 App Engagement 원리와 기능을 잘 이해해 광고 효율을 증대시켜 보자.

### App Engagement 광고 핵심 기능

- 사용자가 앱을 다시 사용하도록 유도
- 앱을 열어 특정 액션을 수행하도록 알림
- 이미 시작한 활동을 완료하도록 지원
- 앱 사용 빈도 증대
- 특정 기능이나 레벨을 사용하도록 권장

# PART 04

# Google UAC 광고 설정하기

▶ UAC 1.0 광고 설정하기
▶ UAC Advanced(UAC 2.0) 광고 설정하기
▶ UAC for Action 광고 설정하기
▶ App Engagement(앱 참여) 광고 설정하기

Google Play에서의 검색결과(20개)

YouTube
com.google.android.youtube - Google LLC

Free Music Player, Music Downloader, Offline MP3
com.atpc - Best Free Music Player Apps

YouCut - Video Editor & Video Maker, No Watermark
com.camerasideas.trimmer - InShot Inc.

VoiceTube-Learn English Videos
org.redidea.voicetube - VoiceTube

# [ UAC 1.0 광고 설정하기 ]

구글 UAC 광고의 3가지 목적 중 앱 설치를 극대화할 수 있는 캠페인 설정 방법을 알아보도록 하자. 구글애즈 계정에 접속한 후 좌측 상단의 캠페인 항목을 클릭하면 아래와 같은 화면이 노출된다. 여기서 파란색 '+' 버튼 또는 페이지 하단의 '새 캠페인' 버튼을 클릭한다.

새 캠페인 생성을 클릭하면 캠페인 목표 총 7가지가 제시되고, 이 중 '앱 프로모션'을 선택한다. 목표 설정 이후 캠페인 유형으로 '유니버셜 앱'을 설정한다.

다음 단계로는 광고를 진행할 앱의 플랫폼을 설정한다. 현재 구글애즈의 경우 'Google Play Store'와 'App Store'에 등록된 모바일 앱만 광고 진행이 가능하다. 그 이외의 독립 Store는 모바일 앱 광고 집행이 불가하다.

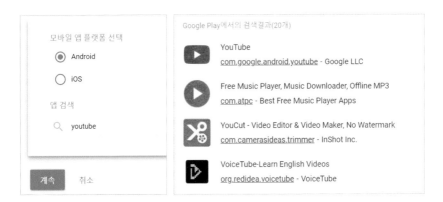

모바일 앱 플랫폼을 선택한 후 앱 검색 영역을 통하여 광고를 진행할 앱을 선택한다. 앱 검색의 경우 앱 명, 앱 패키지 명 또는 앱 ID로 검색이 가능하다.

**Ex) Chrome(앱 명) / com.android.chrome(앱 패키지 명) / 535886823 (앱 ID)**

캠페인 이름을 넣을 때는 이 캠페인을 어떤 목적으로 설정하였는지 알아보기 쉽게 적어야 한다. UAC 광고뿐만 아니라 유튜브 광고, 디스플레이 광고 등을 동시에 집행할 경우 캠페인 단위에서 구분되어야 광고 성과 분석 및 최적화 등이 편리하다.

| 캠페인 이름 | 캠페인 이름 | ∧ |

캠페인 이름 작성 이후 광고 애셋을 적용한다. 광고 소재는 텍스트와 이미지 배너, 동영상, HTML5 소재로 구성되어 있다. 최적의 광고 성과를 원한다면 안내된 모든 소재를 준비하는 것이 좋다. 참고로 이미지 배너와 HTML5 소재, 영상 소재는 광고 운영을 위한 필수 요소는 아니기 때문에 소재 제작이 어려운 광고주라면 텍스트만으로도 광고 집행은 가능하다.

각 소재의 유형별 유의 사항을 확인해보자. 텍스트 소재는 한 가지 문안당 최대 25Byte로 작성되어야 한다. 특수 기호 중 느낌표는 첫 번째 광고 문안에 사용할 수 없고, 그외의 세 가지 문안 중 한 번만 사용이 가능하다. 또한 텍스트 소재의 경우 랜덤으로 노출되기 때문에 최적의 광고 효율을 달성하기 위해서는 문안 순서가 뒤바뀌어도 어색함이 없는 표현이 좋다. 영문 문안을 사용할 경우 한 개 광고 문안에 대문자, 소문자 모두 포함되어야만 광고가 승인될 수 있다는 점은 유의하여야 한다.

두 번째로 이미지 배너의 경우 한 캠페인에 최대 20개의 배너를 사용할 수 있다. 구글애즈 플랫폼에서 권장하는 배너 사이즈는 총 4가지로 300×250 / 320×50 / 320×480 / 1200×628이다. 권장 사이즈 외에도 등록은 가능하지만, 소재 제작 시 권장 사이즈를 포함하는 것이 최적의 광고 효율을 달성하는 방법이다. 또한 20개의 소재를 모두 추가하는 것이 UAC 캠페인이 최적화하는데 효과적이다.

이미지 배너는 최대 150KB 용량의 소재만 등록이 가능하며 jpg / gif / png 확장자만 등록할 수 있다. 네이티브 광고의 경우 가로 모드 이미지가 가장 효과적이며, 전면 광고의 경우 세로 모드 이미지가 가장 효과적인 형식이다.

이미지 배너 이외에도 HTML5 소재를 사용할 수 있다. HTML5 소재는 최대 1MB의 zip 파일로 업로드가 가능하며 파일 수는 40개 이하여야 한다. 업로드하기 전 HTML5 애셋을 확인하려면 HTML5 검사기 도구를 사용하여 zip 파일을 실행해볼 수 있다. 아울러 현재 HTML5 소재로 허용되는 크기는 300×250 / 320×50 / 480×320 / 320×480 사이즈이다.

세 번째로 영상 소재의 경우 최대 20개까지 등록 가능하다. 광고 소재로 사용되는 영상은 유튜브 채널에 업로드되어야 하며, 영상 URL을 직접 입력하거나 검색을 통해 등록할 수 있다. 또한 유튜브 채널에 업로드된 영상 소재는 공개, 미등록 상태만 사용이 가능하다. 비공개 상태일 경우 광고 등록 및 사용이 불가능하다. 영상 소재는 가로, 세로 또는 정사각형 형태 모두 가능하다.

만약 등록할 수 있는 영상 소재가 없는 경우 구글애즈에서 자동으로 앱 스토어에 등록된 정보를 토대로 자동으로 영상을 생성하여 노출시키게 된다.

자동으로 생성된 영상이 노출되기 때문에 자동 생성 영상의 노출을 원하지 않을 경우 반드시 하나의 영상 소재라도 등록을 해야 한다.

광고에 사용할 소재들을 모두 등록하였다면 우측의 '광고 미리보기' 화면을 통하여 예시 화면을 확인할 수 있다. 예시 화면은 총 4가지 영역(구글 검색 화면/구글 디스플레이 네트워크 화면 / YouTube / Play 스토어 화면)으로 확인 가능하다.

다음으로 광고를 노출할 위치, 언어를 설정한다. 위치는 노출되기를 원하는 국가와 지역으로 선택할 수 있는데, 이를 타겟팅 함에 있어 2가지 원리가 적용된다. 하나는 유저의 물리적/지리적 위치를 기반으로 한 광고 노출, 다른 하나는 유저의 관심사를 기반으로 한 광고 노출이다.

### 위치_유저의 물리적 기반 요소

IP 주소, Wi-Fi 네트워크의 IP 주소, 이동통신사 IP 주소, Google 위치 데이터, GPS 신호, 블루투스 시그널 등

유저의 물리적 위치를 기반으로 한 광고 노출 방식은 컴퓨터의 IP 주소를 기반으로 하고 있으며 휴대기기의 이동통신사 정보 등을 활용하여 식별하게 된다. 이 방법을 활용하면 우리나라 전역 혹은 특정 권역이나 도시를 기반으로 홍보를 하고자 하는 기업에서 해당 지역의 유저들에게만 광고를 할 수 있다. 뿐만 아니라 동일한 원리로 국내에서 미국, 일본, 유럽, 동남아 어디든 간단한 설정으로 전 세계 어느 시장이든 타겟팅 하여 광고 노출이 가능하다.

### 위치_유저의 관심사 기반 요소

사용자가 최근 검색한 위치 정보, 사용자의 이전 물리적 위치, 사용자의 구글지도 검색 정보 등

유저의 관심사를 기반으로 한 광고 노출은 최근 유저가 검색한 키워드, 사용자의 이전 위치 기록, 구글지도 검색정보 등을 근거로 한다.

구글애즈 캠페인에서 위치는 기본적으로 유저의 물리적 위치와 관심사 모두를 고려해 타겟팅을 하기 때문에, 만약 두 개의 요소를 각각 분리, 선택하여 타겟팅을 원할 경우 고급 옵션 기능을 통해 선택하면 된다.

고급 옵션으로는 1) '타겟 위치에 있거나 타겟 위치에 관심을 보이는 사용자(권장)' 2) '타겟 위치에 있는 사용자' 3) '내 타겟 지역을 검색하는 사용자'를 선택할 수 있다.

특정 조건에 있는 유저를 제외할 수도 있다. 먼저 '제외 위치에 있거나 제외 위치에 관심을 보이는 사용자(권장)' 유형은 제외 위치에 거주하거나 제외 위치에 관심을 표시하는 유저에게는 광고가 노출되지 않는 형태이다.

두 번째는 '제외 위치에 있는 사용자' 유형으로 제외 지역에 거주할 가능성이 큰 유저에게는 광고가 게재되지 않으며, 제외 지역에 거주하지 않는 사용자에게는 광고가 노출되는 형태이다.

언어는 특정 언어 사용자에게만 광고를 할 수 있는 타겟팅이다. 구글애즈 캠페인에서 언어는 1) 구글 검색, Gmail 등 구글 제품 사용 시 설정된 언어 환경 2) 구글 디스플레이 네트워크에서 사용하는 언어 형태를 반영할 수 있다.

위치와 언어 설정을 완료하면 해당 캠페인에서 하루 동안 사용할 일일예산을 넣는다. 일일 희망 지출 금액의 경우 설정한 금액보다 200%까지 소진될 수 있는 구조이니 유의해야 한다. 단 계정에 충전되어 있는 금액을 초과 하지는 않으며, 일일 예산은 캠페인을 설정한 이후에도 수정이 가능하다.

다음으로 캠페인 최적화에 맞추어 목표와 타겟 유형을 설정해야 한다. UAC 1.0 캠페인의 경우 설치 수량 극대화가 최우선의 목표이기 때문에, 캠페인 최적화 목표는 '설치 수량'으로 선택하고 타겟팅하는 사용자 유형은 '모든 사용자'로 설정한다.

UAC 캠페인은 머신 러닝을 기반으로 모든 사용자에게 광고를 넓게 노출시킨 이후 학습 과정을 통하여 설치 수량을 극대화한다. 이후 설치당 단가(CPI, Cost per Install)를 가장 저렴하게 획득할 수 있는 노출 지면을 위주로 지속적으로 광고 효율을 높이는 최적화가 진행된다.

| 캠페인 최적화 | 어떤 부분에 중점을 두고 싶으세요? ⑦<br>설치 수량 ▾<br><br>어떤 유형의 사용자를 타겟팅하시겠습니까? ⑦<br>모든 사용자 ▾ | 신규 설치 집중 ⌃<br><br>인앱 활동　　설치 수량<br><br>이 캠페인 목표는 입찰가를<br>최적화하여 앱의 신규 설치수를<br>최대화합니다.<br>자세히 알아보기 |
| 입찰 | 목표 설치당 비용(CPI)<br><br>₩ | 타겟 CPA는 사용자가 앱을 ⌃<br>설치하거나 처음 실행할 때마다<br>광고주가 지불하고자 하는 평균<br>금액입니다.<br>자세히 알아보기 |
| 시작일 및 종료일 | 시작일 2018년 11월 12일　　종료일 미설정 | ⌄ |

UAC 캠페인은 CPI 입찰 방식을 사용하고 있다. UAC 1.0 상품의 경우 입찰가에 목표 설치당 비용을 입력하면 된다. 보장성 상품은 아니기 때문에 설정한 입찰가 보다 높거나 낮은 CPI를 확보할 수도 있다.

일반적으로 광고 집행 초반에는 목표하는 설치당 비용보다 10~20% 높은 비용을 입찰가로 사용하고 있으며, 머신 러닝의 충분한 학습 과정을 위해 7일 정도는 수정하지 않는 것이 캠페인 최적화에 효율적이다.

마지막으로 캠페인 자체 시작일과 종료일 설정, 위치 옵션을 지정할 수 있다. 캠페인 시작일의 경우 초기 세팅 과정에서만 지정이 가능하며 현재 날짜 또는 미래 날짜로 설정할 수 있다. 구글애즈 계정에 광고비 설정이 되어있는 상태라면 캠페인 시작일에 맞추어 광고 라이브가 가능하다.

캠페인 종료일의 경우 초기 세팅, 광고 중반에도 설정이 가능하며 추후 수정도 할 수 있다. 시작일과 마찬가지로 종료일을 지정할 경우 설정한 날짜에 맞추어 자동으로 캠페인 운영이 정지된다

# [ UAC Advanced 광고 설정하기 ]

UAC Advanced(UAC 2.0) 광고는 '특정 인앱 액션을 행동할 가능성이 높은 유저의 앱 설치 유도를 극대화 시키기 위한 전략'이다.

캠페인 설정상 UAC 1.0 과 다른 부분은 캠페인 최적화 항목 중 타겟 유형을 '인앱 액션을 취할 가능성이 높은 사용자'로 선택하는 것이다.

예를 들어 특정 인앱 액션 A를 타겟 유형으로 선택할 경우 해당 캠페인은 인앱 액션 A를 행동할 유저들의 설치 수량을 극대화하는 구조로 최적화를 진행하게 된다. 기본 적인 설치 수량만이 아닌 특정 인앱 액션 A를 행동할 유저들의 설치 수량을 극대화하 기 때문에 자신의 목표 KPI에 맞는 양질의 유저를 획득할 수 있다.

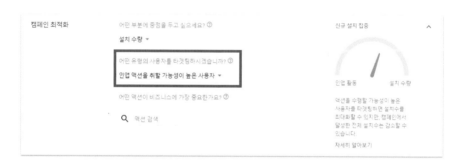

아울러 UAC Advanced은 기본적인 설치 수량과 인앱 액션 획득이 목표이기 때문에 일반적으로 UAC 1.0보다 약 20~50% 이상의 높은 입찰 단가를 사용하고 있다.

# [ UAC for Action 광고 설정하기 ]

UAC for Action 캠페인은 '특정 인앱 액션을 극대화'에 가장 큰 목표를 두고 있다. 설정 방법은 아래와 같다.

UAC for Action 캠페인은 기존 UAC 1.0과 최적화 목표, 타겟 유형, 입찰가 설정이 다르다. 먼저 캠페인 최적화 목표를 선택하고 수치를 극대화할 특정 인앱 액션을 선택한다.

예를 들어 인앱 구매 수치를 극대화하고 싶은 경우 캠페인 비즈니스 목표에 맞게 '인앱 구매 전환' 항목을 선택한다. 이는 인앱 구매 전환을 완료할 유저를 중심으로 광고가 집중 노출되고, 캠페인 효율도 이 목적에 맞춰 최적화된다.

UAC for Action 캠페인의 경우 UAC 1.0, UAC 2.0(UAC Advanced)과 다르게 입찰가를 설정하는 방식이 목표 설치당 비용이 아닌 '타겟 전환당 비용'이 된다. 특정 인앱 액션 수치 극대화가 목표인 상품이기 때문에 설치당 비용이 아닌 설정한 목표 타겟 전환당 비용을 입찰가로 설정한다.

앱 설치 후 유저의 행동을 획득해야 하는 원리이기 때문에 목표 타겟 전환 유형에 따라 입찰가 설정 방식의 차이가 크다.

# [ App Engagement(앱 참여) 광고 설정하기 ]

유저들은 일반적으로 특정 앱을 설치, 삭제, 재설치 하는 등의 패턴을 보인다. 또 특정 앱을 설치한 후 오랜 기간 사용하지 않을 수 있다. 이러한 행동을 보이는 유저들을 대상으로 우리가 할 수 있는 앱 마케팅이 바로 App Engagement(앱 인게이지먼트, 앱 참여) 광고이다. App Engagement 광고는 쉽게 말하면 '앱 리마케팅'이다.

### App Engagement 광고 캠페인의 필수 요소

먼저 App Engagement 광고를 집행하기 위해서는 Deep Link가 반드시 구현되어야 한다. Deep Link란 앱 미설치자에게는 OS별 스토어 페이지로, 앱이 설치된 유저에게는 앱의 특정 페이지가 오픈될 수 있도록 구현된 링크이다.

Deep Link의 형태는 기본적으로 Scheme와 Path 값으로 구성되어 있으며, App Engagement 광고를 집행하기 위해서는 Scheme://Path 형태의 Deep Link가 필요하다.

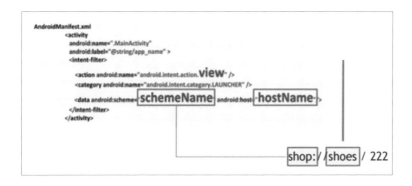

자세한 내용은 OS별 개발자 가이드를 참고하길 바란다.

**Android** : https://developer.android.com/training/app-indexing/deep-linking.html

**iOS** : https://developer.apple.com/library/ios/documentation/General/Conceptual/AppSearch/UniversalLinks.html

### 리마케팅 모수 활용 방안

App Engagement 광고 캠페인은 Google Play 모수와 AAID/IDFA 모수를 사용한다. 구글 플레이의 경우 구글애즈 계정과 Google Play를 연동하여 사용한다. 연동 방식은 부록 편을 통해 참고할 수 있다.

AAID와 IDFA는 자사의 데이터 또는 3rd Party Tool을 이용하여 모수를 모은다. AAID 와 IDFA의 자세한 사용 방법과 설정 방식은 다음 내용으로 알아보도록 하자.

### 리마케팅 설정 방법

앱 참여형 광고 캠페인 세팅 후 잠재고객 항목으로 이동한다. 해당 탭에서 '+타겟팅' 클릭 후 원하는 리마케팅 목록을 추가한다.

| 광고 애셋 | 잠재고객 | | |
| --- | --- | --- | --- |
| 잠재고객 | ✎ | | |
| | ☐ ● 잠재고객 | 유형 | 상태 |
| 설정 | ☐ ● _ADID_1030_액티브유저_A.. | 고객 목록 | 캠페인 일시중지 |
| 변경 내역 | 전체: 잠재고객 | | |
| | 전체: 기타 ⑦ | | |
| | 출처: 광고그룹 ⑦ | | |

### 리마케팅 시나리오 구성 방법

AAID와 IDFA로 리마케팅 시나리오를 구성해보자. 시나리오는 1) 앱 사용 유저 2) 최근 미사용 유저 3) 구매 이력이 있는 유저 4) 회원가입 유저 등 다양한 분류 기준을 활용할 수 있다. 자사 데이터 또는 3rd Party Tool에서 AAID와 IDFA를 추출할 때 분류가 가능하며 앱 종류에 따라 분류 기준의 우선 순위는 모두 다를 수 있다.

예를 들어 쇼핑몰, 커머스 앱의 경우 주로 구매 유저를 대상으로 앱 참여형 광고 캠페인 을 진행하기 때문에 AAID와 IDFA 추출 시 구매 이력이 있는 유저를 중심으로 모수를 추출하게 된다. 해당 모수를 타겟으로 앱 참여형 광고 캠페인을 진행할 경우 재구매 등의 전환을 발생시킬 수 있어 ROAS 향상에도 큰 기여를 할 수 있다.

또 게임 업종의 경우 1) 앱 설치자 2) 최근 14일 동안 미접속한 유저 3) 구매 이력이 있는 유저 등을 타겟 모수로 사용할 수 있다.

앱의 특성에 맞게 AAID와 IDFA를 추출하여 활용함으로써 ROAS와 Retention을 향상시킬 수 있으며 DAU, MAU 등의 활성 이용자 수를 증가시킬 수 있다. 이처럼 각 기업 앱 특성에 맞게 다양한 시나리오를 구성하여 앱을 성장시킬 수 있다.

## 리마케팅 목록 생성 방법

AAID와 IDFA 목록을 광고에 사용하기 위해서는 구글애즈 플랫폼에 등록해야 한다. 광고에 사용 가능한 모수로 등록하기 위해서는 AAID, IDFA 목록을 csv 파일로 변경해야 한다. 특히 AAID, IDFA 정보 이외의 내용이 포함되어서는 안된다.

엑셀 파일의 단일 탭만 사용하여 A1열에 AAID 또는 IDFA 목록을 입력한 후 csv 확장자로 저장된 파일만 업로드가 가능하다. 생성된 csv 파일은 구글애즈 계정 내 공유 라이브러리 항목에서 업로드가 가능하며 하기 이미지와 같이 잠재 고객 항목에서 설정 가능하다.

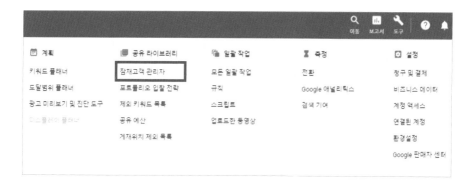

다음으로 잠재 고객의 리마케팅 항목 중 '고객 목록'를 선택한다.

'목록 회원'에 추가할 데이터 유형 중 '휴대기기 ID 업로드'를 지정한다.

운영자가 알아보기 쉽게 리마케팅 목록 이름을 작성한 후 AAID와 IDFA를 추출한 앱을 선택한다. 예를 들어 Chrome 앱을 설치한 유저의 AAID를 등록할 경우 앱은 Chrome Android 앱을 지정하면 된다.

앱 설정 후 생성한 csv 파일을 업로드하고 하단의 체크 박스에 반드시 체크를 해야만 모수 업로드가 가능하다. 마지막으로 '목록 업로드 및 저장'을 클릭하면 모수 등록 과정은 완료 된다. 등록한 모수를 광고에 사용하기 위해서는 24~48 시간이 필요하기 때문에 광고 운영일을 기준으로 1~2일 전에는 모수 등록을 하는 것이 광고 운영에 좋다.

| | |
|---|---|
| 잠재고객 이름 | Chrome 앱을 설치한 유저 ⌃ |

| | |
|---|---|
| 목록 회원 | 잠재고객을 만들려는 고객 데이터 유형 선택<br><br>휴대기기 ID 업로드 ▾ |
| 앱 | 고객 데이터가 발생된 앱에 대한 추가 정보를 제공하세요.<br><br> Chrome: 빠르고 안전한 브라우저 <br>com.android.chrome - Google LLC |
| 데이터 업로드 | IDFA(광고 식별자) 또는 AAID(Google 광고 ID)를 이용해 고객 일치 타겟팅 잠재고객 목록을 만들려면 템플릿을 사용하거나 열이 'Mobile Device ID' 하나인 (해싱되지 않은) 일반 텍스트 CSV 파일을 업로드하세요. 휴대기기 ID는 다른 유형의 고객 데이터(이메일 주소, 전화번호, 우편번호 등)와 결합할 수 없습니다.<br><br>선택된 파일: **Chrome 앱을 설치한 유저.csv** ✎<br><br>☑ 이 데이터는 수집된 데이터이며 Google의 고객 일치 타겟팅 정책에 따라 Google과 공유 중입니다.<br><br>업로드한 데이터 파일은 고객과 Google 계정을 일치시키는 용도와 고객 일치 타겟팅 참패인이 Google 정책을 준수하는지 확인하는 용도로만 사용됩니다. 자세히 알아보기<br><br>개인정보 보호법(GDPR) 준수를 위해, Google Ads 서비스 약관에 고객 일치 타겟팅에 적용되는 **Google Ads 데이터 처리 약관**이 포함되었습니다. 이 약관에 따라 Google은 고객 일치 타겟팅을 위해 Google에 공유하는 개인 정보의 '프로세서' 역할을 합니다. 고객님의 **계정 환경 설정**에서 고객님(기본 연락처), 데이터 보호 담당자 및/또는 EU 담당자(해당되는 경우)의 연락처 정보를 최신으로 유지하시기 바랍니다. Google Ads 데이터 처리 약관 관련 알림은 기본 연락처로 발송됩니다. |

# PART 05

# Google UAC 광고 최적화 하기

DREAM

► UAC 광고 최적화란

► UAC 광고 최적화 핵심 전략

► UAC 광고 소재별 최적화

► App Engagement 광고 최적화

► UAC 광고 리포트 보기

# [ UAC 광고 최적화란 ]

UAC 광고를 잘 하기 위해서는 광고 성과의 핵심인 알고리즘, 즉 구글의 머신 러닝 (Machine Learning) 기술을 인지하고 이해해야 한다.

지난 2016년 3월 우리는 구글 딥마인드가 개발한 알파고와 '인간계 최고의 바둑기사' 이세돌의 대국을 봤다. 그 시기의 알파고는 인공지능의 새로운 지평을 열었다는 평가를 받았는데, 여기서의 알고리즘은 광범위한 데이터 수집 및 경우의 수에 대한 결과 값을 학습하여 가장 유리한 선택을 하도록 설계가 되었다고 한다.

또 '알파고'라는 영화에서는 그 당시 대국을 펼친 알파고가 최고의 결과값을 도출하기 위해 많은 데이터를 확보하여 가다듬는 모습을 엿볼 수 있다. 그 결과 알파고는 이세돌을 압도하며 승리했다. 이 장면을 지켜본 전 세계인들은 충격과 동시에 인공지능(AI) 신드롬을 불러 일으켰다.

마케팅 업계에 종사한 사람이라면 이 장면을 보고 방대한 데이터 분석을 기반으로 한 인공지능 방식의 마케팅을 생각해 보았을 것이다. 재미있게도 구글의 모바일 앱 광고에서 이러한 머신러닝 기법이 적용되어 있다.

이것이 바로 UAC 광고로, 이는 워낙 고도화되어 있어 단순한 광고 설정 방식만으로도 원하는 광고 효율을 얻을 수 있다. 그래서 과연 광고를 운영하는 전문 마케터가 필요할까 하는 의문도 들 수 있다. 하지만 이론적 지식만으로는 광고를 안정적으로 운영하며 효율을 높이긴 어렵다. 경험적 지식이 결합되어야 더 좋은 광고 효율을 얻을 수 있다.

최적의 광고 효율을 얻을 수 있는 구글 UAC 광고 운영의 최적화 방법을 소개하려 한다.

# [ UAC 광고 최적화 핵심 전략 ]

UAC 캠페인은 머신 러닝기반으로 운영되는 캠페인이지만, 머신러닝이 원활히 진행되기 위해서는 적절한 학습 환경을 제공해줘야 한다. 입찰가 및 예산, 최적화 기간 등에 따라 학습 시간은 다르지만 기재된 주요 체크사항을 숙지 후 운영하는 것을 권장한다.

### "광고 시작 후 1~2주가 골든 타임이다"

뛰어난 학습력으로 좋은 퍼포먼스를 만들어 내는 컴퓨터라도 충분한 학습을 할 수 있는 시간이 필요하다. 만족할 만한 광고 성과를 얻기 위해서는 UAC 광고 캠페인에 많은 시간을 들여서 자신의 앱에 대한 유저들의 반응을 분석하고 확인할 수 있는 데이터를 확보해야 한다. 광고 초반 최적화에 필요한 기간은 최소 1주일에서 최대 2주일로, 광고 성과에 매우 민감하더라도 결과를 지켜봐야 한다. 너무 빠른 판단과 선택은 더 좋은 광고 효율을 가져오는 데 걸림돌이 될 수 있다.

### "하루 최소 10번 이상 발생하는 인앱 액션을 선택하자"

UAC 광고 캠페인의 목표가 인앱 액션일 경우 UAC for Action 광고를 사용한다. 이 경우 하루 최소 10건 이상 발생하는 인앱 액션을 선택하는 것이 좋다. 예를 들어 인앱 액션이 구매, 장바구니, 회원가입 등으로 설정되어 있다면 이 중 최소 하루 10건 이상이 발생하는 액션을 선택해야 한다. 이유는 캠페인이 해당 인앱 액션으로 충분히 학습을 해야 광고 효율화도 빠르게 진행되기 때문이다. 반대로 액션(전환) 수가 너무 적은 항목을 선택하면 구글 머신이 광고 효율을 최최적화할 데이터와 시간이 부족해서 원하는 광고 효율을 얻기 쉽지 않다.

## "일 예산은 타겟 CPI의 최소 50배로 설정하기"

구글 UAC 광고는 설정한 캠페인이 충분히 데이터 학습을 할 수 있는 시간과 기회를 주는 것이 중요하다. 때문에 광고 노출수에 큰 영향을 미치는 일일예산을 여유있게 설정하는 것이 필요하다. 일일예산이 너무 적으면 광고 노출과 입찰에 소극적으로 참여하게 되어 마치 운동 선수가 몸이 덜 풀린 상황과 같이 경쟁사와 경쟁해야 한다.

일일 예산과 입찰가 설정 화면

위 그림은 UAC 광고 캠페인 내 입찰가(CPI or CPA)를 설정하는 항목이다. CPI(Cost per Install, 앱 설치당 단가)를 기준으로 자신이 목표로 하는 금액의 약 50배 이상의 예산을 설정하자. 예를 들어 목표 CPI(Cost per Install)가 3천 원이라면, 일일 예산은 150만원으로 권장한다.

UAC for Action 광고는 CPA 입찰을 하게 된다. 이 역시 일일 예산은 목표 CPA(Cost Per Action)의 10~30배 정도로 설정할 것을 권장한다. 예를 들어 앱 내 구매당 비용이 2만 원일 경우, 이에 약 10배인 20만원으로 일예산을 사용해보자.

CPA는 유저가 특정 어플리케이션을 다운로드를 받은 후 목표로 지정한 인앱 액션 건 수당 비용으로 산정되기 때문에 앱 설치 캠페인의 단가보다 높을 수 밖에 없다. 그럼 어떠한 CPA 타겟을 만들 수 있는지 알아보자.

### 인스톨 〉 회원가입 〉 튜토리얼 완료 〉 레벨 10달성 〉 앱 내 구매

위의 예시로 기재를 하였지만, 유저들의 앱 활동 순서대로 인앱 액션이 나열된다면, 앱 내 구매 항목에서 가장 높은 CPA가 나타날 것으로 예상되기 때문에, 캠페인 KPI를 설정할 때와 UAC for Action 캠페인을 설정할 때 참고하기 바란다.

### "예산/입찰가 변화는 약 20% 내외로만 순차적으로 지정하기"

UAC 캠페인을 운영하면서 항상 예산 및 입찰가 변경 타이밍을 고민한다. 특히 캠페인 초반 광고 성과가 자신의 기대 수준에 미치지 못할 경우 최적의 광고 예산과 입찰가를 찾아가는데 어려움이 있다. 만약 캠페인 초반, 머신이 충분히 광고 운영과 효율을 학습하기 전 예산과 입찰가를 조정해야 한다면 최대한 보수적으로 하되, 20% 내외에서 입찰가를 조정하는게 좋다. 그 이상의 변경이 있을 시에는 광고 최적화에 부정적인 영향을 줄 수 있다.

### 캠페인 초반 타겟 CPA를 10~20% 높게 설정하기

또 UAC 광고 캠페인 초반 아직 시스템에서 내 캠페인의 대한 광고 잠재력을 충분히 파악하지 못하고 있다면, CPI 또는 CPA 입찰가를 너무 보수적으로 설정하지 않는 것이 좋다. 너무 보수적으로 입찰가를 제시하면 광고 입찰 역시 보수적으로 진행되어 자신이 원하는 만큼의 광고 노출이 이뤄지지 않을 수 있다. 따라서 CPA, CPI 입찰가는 생각한 금액의 10~20% 높여 적용해주자.

### 캠페인 시작 후 첫 1~2주의 충분한 최적화 기간을 부여하기

캠페인이 머신러닝을 통해 충분히 학습되는 시간은 초반 약 1~2주 차이다. 이는 구글이 보유하고 있는 광범위한 광고 노출 지면과 타겟으로 하는 유저의 모바일 사용 패턴 등을 분석하는데 필요한 시간으로, 이 때 이미 UAC 광고 캠페인에 설정한 예산, 입찰가, 광고 소재 변경 등을 최소화하는 게 좋다. 잦은 변경은 최적화에 방해가 될 수 있기 때문이다.

만약 광고 운영 중 캠페인 단위에서 '예산제약'이라는 메시지가 뜨면, 이는 광고 노출과 효율이 좋다는 의미로 예산을 약 10~20% 상향 조정하고, 타겟 CPA는 약 10% 이내로 하향 조정하면 더 좋은 광고 효과를 가져갈 수 있다.

| | | 캠페인 | 예산 | 상태 ↓ | 입찰 전략 유형 | 클릭수 | 노출수 | 조회수 | 조회율 |
|---|---|---|---|---|---|---|---|---|---|
| ☐ | ● | ⊙ UAC | ₩330,00... | 예산 제약 ☑ | 타겟 CPA | 22,445 | 1,148,177 | 0 | 0.00% |
| | | 총계: 필터링된 캠페인 | | | | 22,445 | 1,148,177 | 0 | 0.00% |
| | | 전체: 계정 | ₩330,00... | | | 22,445 | 1,148,177 | 0 | 0.00% |

캠페인 상태: 운영중

캠페인 '예산 제약' 표시 화면

# [ UAC 광고 소재별 최적화 ]

UAC 광고 캠페인은 총 3가지 타입의 광고 소재(텍스트, 이미지, 동영상)를 등록하여 운영할 수 있다. 어떻게 하면 효율적인 광고 소재를 사용하여 최적화된 운영이 가능한 지 알아보도록 하자.

### 텍스트 광고 소재

텍스트 소재는 총 4줄의 텍스트를 기입하여 사용하게 된다. 광고 문안을 접하고 행동으로 이어질 수 있도록 현재 앱에서 진행하고 있는 이벤트, 앱의 특징 등을 살린 텍스트 문안을 준비하는 것을 권장한다. 이 외에도 구글 플레이스토어 및 앱 스토어 내 디스크립션을 참고하여 사용하는 것도 좋다.

텍스트 소재 설정 예시 화면

## 이미지 소재

이미지 소재는 소재 내에 명확한 메시지를 담는 것이 중요하며 가독성이 높아야 한다. 또 이미지로 표현되는 만큼 앱을 사용할 때 보이는 주요 장면을 활용하여 잠재적 유저들의 호기심을 자극하는 것이 필요하다.

특히 이미지 내에 앱스토어 뱃지나 브랜드 로고 등을 넣어 신뢰감을 주는 것도 긍정적인 효과를 줄 수 있다. UAC 광고에서 이미지 소재는 총 20개까지 사용할 수 있는데, 최대한 시스템에서 권장하는 모든 사이즈를 사용하는 것이 효율 개선에 중요하다. 동일한 규격에 다양한 테마의 이미지를 활용하는 것도 좋다.

다양한 이미지 소재로 A/B 테스트를 할 경우 하나의 사이즈에 한 가지 이미지 소스만으로 구성할 경우 소재 효율을 판단하는데 제한적일 수 있다. 따라서 한 가지 사이즈에 다양한 컨셉의 이미지(색상, 텍스트, 분위기 등)를 진행해 A/B 테스트를 해보기를 권장한다.

## 동영상 소재

UAC 광고에서 동영상 광고 소재는 매우 중요한 역할을 한다. 특히 최근 유튜브 이용자가 크게 늘어나면서 이곳을 통해 광고가 노출될 수 있는 기회도 늘어났다. 많은 앱 설치 수가 필요하다면 유튜브 영역을 커버할 수 있는 동영상 소재 활용이 중요하다.

동영상 소재는 기본적으로 우리에게 잘 알려진 5초 '건너뛰기' 광고인 인스트림 광고 노출 방식과 동일하다. 광고 영상이 노출되면 5초 동안은 '건너뛰기'를 할 수 없다. 이후 '건너뛰기' 버튼이 노출되어 광고를 볼 것인지, 안 볼 것인지 선택하게 되기 때문에 영상 초반 핵심적인 메시지를 담는 것이 중요하다.

서비스 앱이든 게임 앱이든 실제 해당 앱 서비스를 사용하는 데모 화면과 해당 앱을 이용하는 실제 유저의 모습을 광고 영상으로 만드는 것이 효과적이다. 영상으로 표현되는 만큼 해당 앱이 어떻게 구현되고 있는지, 유저들이 어떻게 사용하고 있는지 보여주는 것이 호기심을 자극하는데 도움이 된다.

마지막 화면에는 플레이스토어/앱스토어 뱃지를 함께 노출시켜 잠재적 고객들에게 신뢰감을 주는 것이 필요하다. 또 "지금 바로 다운로드 받으세요"와 같이 바로 행동으로 이끌 수 있는 Call to Action 메시지를 넣는 것도 앱 설치 유도에 유리하다.

광고 동영상의 길이는 업종과 영상 스토리 등의 다양성을 고려할 때 딱 떨어지는 권장 사항은 없다. 다만 동영상 소재를 최대 20개까지 사용할 수 있으므로 5초, 10초, 15초, 30초, 1분 등 실제 테스트를 통해 가장 성과가 좋은 영상을 찾아내는 것이 좋다.

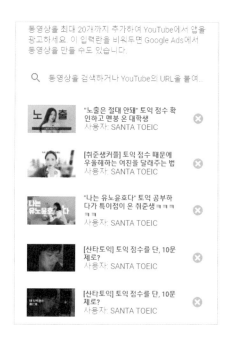

# [ App Engagement 광고 최적화 ]

App Engagement(앱인게이지먼트, 앱 참여 광고) 광고는 앱을 다시 사용하게 할 목적의 광고 방식이다. 앱을 설치했지만 오랜 기간 사용하지 않았거나, 앱 설치 후 삭제한 유저들을 다시 불러 모으는 것을 목표로 한다. 또 여기서 한 발 더 나아가 앱 참여의 목표를 '앱 내 구매', 앱 활성화를 위한 '앱 오픈' 등을 기준으로 최적화를 진행할 수 있다.

### 요일/시간별 광고 최적화

어떤 요일과 시간에 광고를 하느냐에 따라 광고 효율에 차이가 날 수 있다. 특히 모바일 시대에서 사람들의 모바일 사용 패턴과 환경을 잘 파악한다면 그 효과는 배가 될 수 있다. 일반적으로 모바일 트래픽은 주말이 평일보다 약 20~30% 증가한다. 주말에는 PC 트래픽이 감소하고 모바일이 증가한다는 뜻으로, 앱은 모바일과 밀접한 관계가 있으므로 광고 운영 시 이 점을 주요하게 고려해야 한다.

[분류기준] 〉 [시간] 〉 [시간대]를 통해 광고 성과 지표를 확인할 수 있다. 게임이나 엔터테인먼트의 경우 늦은 오후인 퇴근시간 때부터 트래픽이 증가하기 때문에 해당 시간대에 광고를 하는 것이 좀 더 유리하다. 이에 대한 근거는 각 캠페인별 시간대의 지표를 확인하여, 어느 시간대에 노출된 광고가 가장 많은 KPI를 달성했는지 측정해보자. 그리고 성과가 좋은 요일과 시간에 예산을 집중해서 더 나은 효율을 가져가자.

[분류기준] 〉 [시간] 〉 [요일]을 클릭하면 요일별 성과 확인 가능

## 지역별 광고 최적화

자사의 앱이 어느 지역에서 반응이 더 좋은지 한 눈으로 확인이 가능하다. 지역별 성과 지표를 통해 집중과 선택을 할 수 있다. 지역별 광고 성과는 하단에 있는 [위치] > [지역별 보고서]를 클릭하면 확인 가능하다.

## 광고 소재별 최적화

앱 참여 광고에서는 광고 소재가 전체 광고 효율을 좌우하는 핵심 요소이다. 따라서 모든 모바일 앱 광고 캠페인에서는 광고 소재에 대한 반응도 체크는 필수이며, 반응에 대한 빠른 대응이 필요하다.

광고 소재별 지표는 캠페인별 [광고 애셋] 탭에서 확인이 가능하다

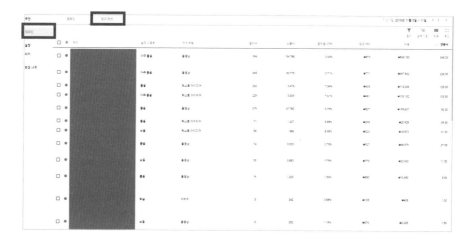

# [ UAC 광고 리포트 보기 ]

광고 운영 전략을 세우고 집행하는 것도 중요하지만 결과를 분석해 인사이트를 찾고 그에 맞는 대응을 하는 것이 더욱 중요하다.

구글애즈 첫 화면, 개요 탭에서는 해당 계정에서 진행 되고 있는 모든 캠페인의 광고 지표를 한 눈에 볼 수 있다. 기간을 설정하면 해당 기간 동안 발생한 클릭수와 전환수는 물론, 기기별과 네트워크별, 요일과 시간 등을 기준으로 한 보고서가 노출된다.

모니터 왼쪽 캠페인을 클릭하면 각 캠페인별 광고 성과를 알 수 있다. 캠페인 전체의 수치를 확인할 수 있을 뿐만 아니라 아래 메뉴들을 잘 활용하면 자신이 중요하게 보고 있는 광고 지표를 필터링해 쉽게 지표를 읽을 수 있다.

[분류기준] > [시간] > [요일]을 클릭하면 요일별 성과 확인 가능

## 분류 기준

광고 성과 지표 중 좀 더 다양하고 상세한 내용을 보고 싶다면 아래와 같이 '분류기준'을 클릭하자. 메뉴에는 시간, 클릭 유형, 전환, 기기, 네트워크, 상단 vs 기타 항목이 있다.

- 시간: 시간대, 요일, 일, 월, 년도를 기준으로 성과 확인이 가능
- 클릭유형 : 광고의 어떤 항목을 클릭하여 유입되었는지 확인
- 전환: 인스톨, 인앱 구매, 인앱 액션 등의 전환별 데이터를 확인
- 기기: 데스크톱, 모바일, 테블릿 등의 기기별 데이터
- 네트워크: 구글 광고 인벤토리 중 검색 / 디스플레이 / 동영상 등에 대한 네트워크 별 성과 측정 항목
- 상단 vs 기타 : 네트워크별 광고가 게재된 위치(상단 or 기타 등)의 정보 확인

## 항목

캠페인 '항목' 탭에서는 광고 실적, 전환, 기여, 속성 등 좀 더 다양한 광고 실적 지표 확인이 가능하다.

## 광고 소재별 효율

UAC 광고 캠페인은 지난 2017년 11월에 업데이트되어 텍스트, 이미지, 동영상 소재 별 효율 확인이 가능하며, 소재별 효율은 실적 그룹화를 통해 분류하여 확인할 수 있다.

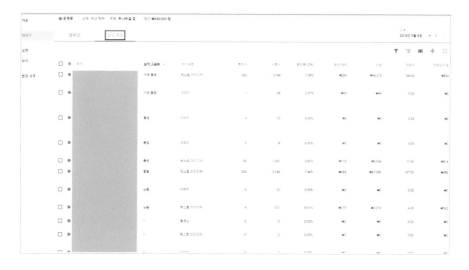

- 대기중: 애셋이 아직 검토되거나 승인되지 않았음을 의미
- 학습중: 애셋 순위를 지정하려면 캠페인에 더 많은 데이터가 필요함을 의미
- 낮음, 우수, 최상: 같은 캠페인에 있는 동일한 유형의 다른 애셋과 비교한 내 애셋의 상대적 순위

위와 같은 평가 기준은 사용자 행동 및 네트워크 혼합 효과를 비롯한 다양한 요인으로 인 해 시간이 지남에 따라 변경된다.

# PART 06

# Google UAC
# 전환 알아보기

▶ 전환이란

▶ 전환 설정하기

▶ 전환 성과 확인하기

# [ 전환이란 ]

온라인 광고의 핵심은 측정, 즉 전환값을 잡는 것이다. 이는 선택이 아닌 필수로 구글 UAC 광고에서도 반드시 필요한 요소이다. 구글애즈에서 Android 또는 iOS 모바일 광고를 하고 있다면, 전환추적을 통해 광고 클릭이 앱 설치 및 인앱 액션으로 잘 이어지는 지 측정할 수 있다.

Android 앱과 iOS 앱에서 다음과 같은 전환을 추적할 수 있다.

먼저, 앱 설치는 전환추적을 통해 광고가 모바일 앱 설치를 효과적으로 유도하고 있는지를 측정할 수 있다. Android 앱의 경우 광고를 클릭한 사용자가 구글 플레이 스토어에서 앱을 다운로드할 때를 전환으로 추적한다. 구글 플레이에서는 별도의 전환 태그 없이도 자동으로 전환이 추적된다.

또한 사용자가 앱을 처음 열 때에도 전환으로 잡을 수 있다. Android 앱과 iOS 앱 모두 광고를 클릭한 사용자가 앱을 설치한 후 처음으로 앱을 열 때 이를 전환으로 잡는다. Firebase를 사용하거나 타사 앱 분석 서비스 제공업체를 사용하는 경우 이 옵션을 사용할 수 있다.

인앱 액션(예: 구매)도 가능하다. 구글애즈에서 앱 내에서 구매 또는 기타 액션을 유도하고 있다면 전환추적을 통해 캠페인의 효과를 측정할 수 있다. Google Play 계정이 구글애즈와 연결되어 있다면, 인앱 결제를 사용하는 Android 앱에서 인앱 구매를 자동으로 추적할 수도 있고, Firebase 및 3rd Party를 통해 맞춤 인앱 액션을 추적할 수도 있다.

# [ 전환 설정하기 ]

　전환을 설정하기 위해서는 먼저 계정 오른쪽 상단의 도구 영역으로 되어 있는 영역을 클릭한 이후 측정 〉 전환 항목을 들어가면 된다.

모바일 앱 전환추적을 설정하는 방법은 크게 3가지가 있다.

- Firebase의 모바일 앱 전환추적: Firebase에서 이벤트를 가져와 첫 실행, 인앱 구매 또는 맞춤 이벤트를 추적
- Google Play의 Android 앱 전환추적: Google Play에서 가져온 앱 설치 및 인앱 구매를 자동으로 추적
- 타사 앱 분석 서비스 제공업체의 모바일 앱 전환 가져오기: 타사 분석 도구와 구글애즈 계정을 연결해 앱의 첫 실행과 인앱 액션을 추적

한권으로 끝내는 구글 모바일 앱 광고

# [ 전환 성과 확인하기 ]

온라인 광고에 있어 '전환' 측정은 선택이 아닌 필수이며, 더 많은 광고 수익을 얻고 비즈니스를 확장하기 위해서는 전환 측정이 매우 중요하다. 전환을 측정하게 되면 어느 캠페인에서, 어느 광고소재에서 액션이 발생했는지 상세하게 확인할 수 있다. 이를 기반으로 광고 최적화를 진행하여 광고 비용 대비 효율을 높이는 작업을 한다. 아래 캠페인 항목에서 자신이 광고 목표에 맞는 지표를 직접 선택할 수 있다.

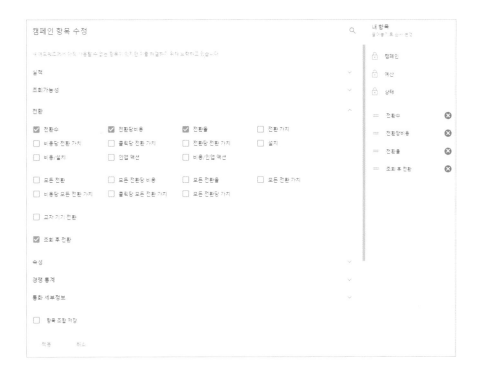

### 전환수

광고의 목표를 나타내는 지표이다. 액션은 앱 설치, 앱 내에서의 회원가입/구매 등의 유저 액션(행동)을 의미한다. 유저의 액션이 한 번 발생하면 전환수 1개가 기록된다.

### 전환당 비용

전환수를 발생시키는 데 사용한 광고 비용을 나타내는 용어다. 예를 들어 광고비 10만원을 사용하여 5개의 전환을 얻었다면, 전환당 비용은 2만 원이다.

### 전환율

광고 클릭수가 전환으로 이어진 비율을 나타내는 지표이다. 예를 들어 광고 클릭수 1,000회가 5개의 전환으로 이어진 경우 전환율은 0.5%로 계산된다.

# PART 07

# Google UAC
# 전환 설정하기

▶ Codeless(인스톨, 구매 등) 생성하기

▶ 구글애즈 계정과 3rd Party 트래킹 툴 연결하기

▶ 구글 Firebase 연결하기

# [ Codeless (인스톨, 구매 등) 생성하기 ]

구글 UAC 광고는 별도의 전환 태그를 설치하지 않아도 구글플레이 전환 데이터를 불러올 수 있는 장점이 있다. 단, 안드로이드(Android)가 탑재된 스마트폰 사용자에게만 해당된다. 태그가 필요하 지 않은 전환(codeless)은 아래와 같이 구글애즈 > 도구 > 전환을 통해 설정 변경한다.

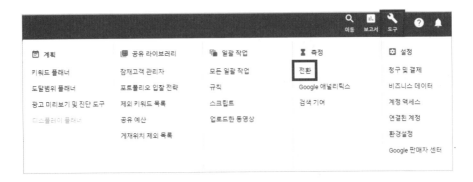

파란색으로 된 플러스 이미지를 클릭하면 아래와 같이 웹사이트, 앱, 전화통화, 가져오기 4가지 선택 항목이 나온다. 이 중 앱 영역을 클릭한다.

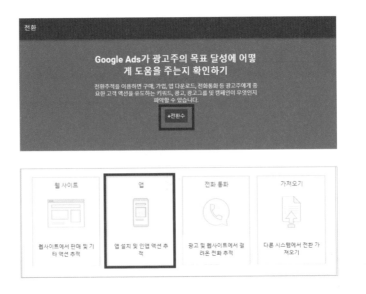

## 1. '앱 설치' 전환 설정하기

앱을 선택 후 'Google Play 〉 설치'를 클릭한다.

다음으로 아래 이미지와 같이 4개의 전환 세부 항목을 업데이트 한다.

## 2. '인앱 구매' 전환 설정하기

전환 설정을 통해 '인앱 구매' 추적도 가능하다. 이를 위해서는 구글애즈 계정과 구글 플레이 계정과의 연동이 선행되어야 한다. 구글애즈 계정의 도구 표시를 클릭한 뒤, 설정 밑에 '연결된 계정'을 선택한다.

이후 Google Play를 선택한다.

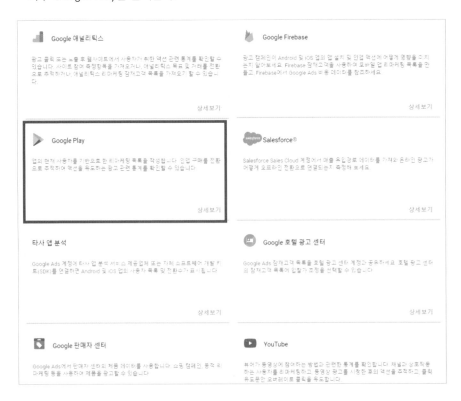

'상세보기'를 클릭한 뒤 링크를 클릭한 후 연동하고자 하는 Google Play 계정 소유자의 이메일 주소를 기입한다. 전송 완료 이후 Google Play 소유자가 승인을 하면 모든 연동이 완료된다.

이후 아래와 같이 'Google Play > 앱 내 구매'에 대한 전환 설정을 진행해야 된다.

다음으로 인앱 구매에 대한 전환을 만들기 위해서는 하기 그림과 같이 필요로 하는 정보를 입력한 후 '설정하고 계속하기'를 클릭하게 되면 인앱 구매에 대한 전환 측정이 가능하다.

┌─────────────────────────────────────────────────────────────┐

**전환 용어정리**

- **전환 이름**: 자신이 잡고자 하는 액션의 이름을 작성한다. 회원가입완료, 구매완료, 앱설치 등 목표에 맞게 기재하고, 수정도 가능하다.
- **모바일 앱**: 구글플레이에서 검색하여 앱을 선택한다.
- **값**: 각 전환의 가치를 부여하는 항목이다. '설치 1회의 가치'는 전환 1개가 발생했을 때 비용적 가치는 설정하는 것이다. 예를 들어 설치 1개의 마케팅적 가치가 1이면, 아래와 같이 1을 적용하면 된다.
- **횟수**: 클릭 또는 상호작용당 계산할 전환수를 선택해야 한다.
'매회'는 1번의 클릭으로 3건의 구매가 발생되면 3건으로 집계, '1회'는 1번의 클릭으로 3건의 구매가 발생되었을 경우, 전환수는 1건으로 집계 된다.
- **전환 추적 기간**: 광고 클릭 또는 기타 상호작용 후에 전환을 추적할 기간을 선택해야 한다.
광고를 보고 전환이 발생되는 시간 기준을 설정하는 것으로 1주~90일 등 다양하게 선택이 가능하다.
- **조회 후 전환 추적기간**: 광고 노출로 설치 후 발생하는 인앱 이벤트에서는 '전환 추적 기간'을 사용하여 노출 후 조회연결 전환을 기록할 수 있는 기간을 결정한다.
- **전환수 포함**: 광고 리포트 상 '전환수' 지표에 수치를 반영 시키겠다는 의미이다. 별도의 체크를 하지 않아도 기본적인 전환 데이터는 업데이트 되지만 스마트 자동 입찰 전략(타겟 CPA, 타겟 광고 투자수익(ROAS), 향상된 CPC 입찰기능)을 사용하기 위해서는 이 항목의 체크는 필수다.

└─────────────────────────────────────────────────────────────┘

# [ 구글애즈 계정과 3rd Party 트래킹 툴 연결하기 ]

구글이 아닌 타사 앱 분석 서비스를 사용하고 있다면 해당 계정과 구글애즈 계정을 연동하여 모바일 앱 전환 데이터를 확인할 수 있다.

❶ 연결하려면 링크 ID를 생성하여 타사 제공업체와 공유하거나 타사 계정에 직접 입력
❷ 타사 제공업체로 추적하는 앱마다 다른 링크 ID 생성
❸ 생성된 링크 ID를 타사 제공업체와 공유하면 전환 이벤트가 구글애즈로 업데이트 됨

구글애즈 화면 오른쪽 상단의 도구를 클릭 후 '연결된 계정 〉 타사 앱 분석'으로이동한다. 파란색 플러스 버튼을 선택하여 원하는 앱 분석 제공업체와 모바일 앱 플랫폼을 지정한다. 이후 앱을 선택하면 고유한 링크 ID가 발급된다.

Google 애널리틱스

광고 클릭 또는 노출 후 웹사이트에서 사용자가 취한 액션 관련 통계를 확인할 수 있습니다. 사이트 참여 측정항목을 가져오거나, 애널리틱스 용도 및 거래를 전환으로 추적하거나, 애널리틱스 리마케팅 잠재고객 목록을 가져오기 할 수 있습니다.

상세보기

 Google Firebase

광고 캠페인이 Android 및 iOS 앱의 앱 설치 및 인앱 액션에 어떻게 영향을 미치는지 알아보세요. Firebase 잠재고객을 사용하여 모바일 앱 리마케팅 목록을 만들고, Firebase에서 Google Ads 비용 데이터를 참조하세요.

상세보기

Google Play

앱의 현재 사용자를 기반으로 한 리마케팅 목록을 작성합니다. 인앱 구매를 전환으로 추적하며 액션을 유도하는 광고 관련 통계를 확인할 수 있습니다.

상세보기

 Salesforce®

Salesforce Sales Cloud 계정에서 매출 유입경로 데이터를 가져와 온라인 광고가 어떻게 오프라인 전환으로 연결되는지 측정해 보세요.

상세보기

타사 앱 분석

Google Ads 계정에 타사 앱 분석 서비스 제공업체 또는 자체 소프트웨어 개발 키트(SDK)를 연결하면 Android 및 iOS 앱의 사용자 용도 및 전환수가 표시됩니다.

상세보기

Google 호텔 광고 센터

Google Ads 잠재고객 목록을 호텔 광고 센터 계정과 공유하세요. 호텔 광고 센터의 잠재고객 목록에 입찰가 조정을 선택할 수 있습니다.

상세보기

---

## 애드워즈에 타사 앱 분석을 연결하시겠습니까?

링크를 설정하려면 타사 제공업체를 선택하고, 추적하려는 앱을 입력하고, 고유 ID를 만들어 제공업체에 부여합니다. 자세히 알아보기

### 제공업체에 대한 새 링크 만들기
고유 링크 ID를 만들려면 제공업체를 선택하고 앱 이름을 입력합니다. 자세히 알아보기

앱 분석 제공업체 ⑦
TUNE ▾

ID 만들기

모바일 앱 플랫폼 선택

◉ Android

○ iOS

앱 검색

🔍 앱 이름, 패키지 이름 또는 게시자를 입력합니다.

계정에 있는 Android 앱입니다. (1)

ID 만들기

 YouTube
com.google.android.youtube

해당 링크 ID를 타사 앱 분석 계정에 추가하면 완료된다. 이후에는 전환 설정 탭에 가서 타사 앱 분석에서 설정한 전환 액션을 불러오면 된다.

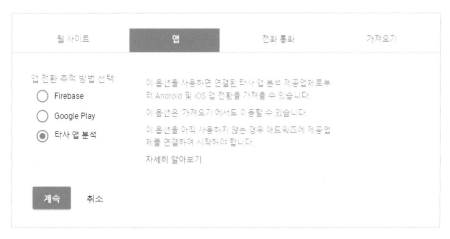

# [ 구글 Firebase 연결하기 ]

3rd Party 트래커 외에도 구글이 제공하는 앱 애널리틱스 도구인 파이어베이스로 구글애즈 앱 캠페인에 대한 성과 측정이 가능하다. 구글애즈와 파이어베이스 계정 연결을 통해 파이어베이스 내 전환 데이터를 기반으로 안드로이드 및 iOS에 대한 앱 설치와 인앱 액션에 대한 실적을 확인할 수 있다.

계정을 연동하면 구글애즈에서 파이어베이스 상의 전환 이벤트를 선택하여 UAC 캠페인의 인앱 액션 최적화를 진행할 수 있다. 기본적으로 앱 처음 열기, 인앱 액션, 전자상거래 이벤트가 자동으로 설정된다. 그럼 지금부터 파이어베이스와 구글애즈의 연동 방법에 대해 알아보자.

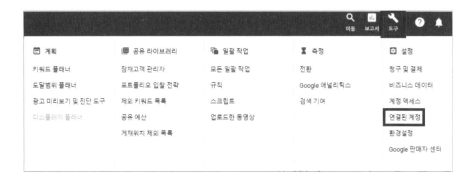

구글애즈에 접속 후 우측 상단에 있는 도구 표시를 클릭한 뒤에 '연결된 계정'을 클릭해보자. 이후 파이어베이스의 세부 정보를 클릭하면 다음과 같은 페이지가 확인된다. 표에서 프로젝트를 찾은 후 연결하면 파이어베이스 애널리틱스 잠재 고객을 구글애즈 계정과 공유할 수 있는 옵션을 설정할 수 있으며, 링크를 클릭하여 프로젝트를 구글애즈 계정에 연결할 수 있다.

 Google 애널리틱스

광고 클릭 또는 노출 후 웹사이트에서 사용자가 취한 액션 관련 통계를 확인할 수 있습니다. 사이트 참여 측정항목을 가져오거나, 애널리틱스 목표 및 거래를 전환으로 추적하거나, 애널리틱스 리마케팅 잠재고객 목록을 가져오기 할 수 있습니다.

상세보기

 Google Firebase

광고 캠페인이 Android 및 iOS 앱의 앱 설치 및 인앱 액션에 어떻게 영향을 미치는지 알아보세요. Firebase 잠재고객을 사용하여 모바일 앱 리마케팅 목록을 만들고, Firebase에서 Google Ads 보 데이터를 참조하세요.

상세보기

 Google Play

앱의 현재 사용자를 기반으로 한 리마케팅 목록을 작성합니다. 인앱 구매를 전환으로 추적하여 액션을 유도하는 광고 관련 통계를 확인할 수 있습니다.

상세보기

 Salesforce®

Salesforce Sales Cloud 계정에서 매출 유입경로 데이터를 가져와 온라인 광고가 어떻게 오프라인 전환으로 연결되는지 측정해 보세요.

상세보기

타사 앱 분석

Google Ads 계정에 타사 앱 분석 서비스 제공업체 또는 자체 소프트웨어 개발 키트(SDK)를 연결하면 Android 및 iOS 앱 사용자 목록 및 전환수가 표시됩니다.

상세보기

Google 호텔 광고 센터

Google Ads 잠재고객 목록을 호텔 광고 센터 계정과 공유하세요. 호텔 광고 센터의 잠재고객 목록에 입찰가 조정을 선택할 수 있습니다.

상세보기

# PART 08

# 3rd Party 트래킹 툴 연동하기

구글과 제휴되어 있는 3rd Party 트래킹 툴 연동 방법을 알아보도록 하자. 구글 UAC 광고 집행 시 주요 3rd Party 트래킹 툴을 연동하여 광고 성과 측정이 가능하다. 구글 UAC 광고의 경우 앞서 확인한 바 있듯이 구글플레이에서의 앱 설치 결과는 별도의 추적코드 없이 측정이 가능하다. 또 구글애즈 계정과 구글플레이 계정을 연동하면 앱 내에서의 구매 등을 추적할 수 있다. 하지만 회원가입, 장바구니, 튜토리얼 완료 등 다양한 이벤트 추적을 하고자 할 경우 3rd Party 트래킹 툴을 연동하면 가능하다.

참고로 3rd Party 트래킹 툴 연동은 구글애즈에서 링크 ID를 기반으로 한다는 점이 기본이다. 링크 ID를 가지고 어떻게 연동하는지에 대한 프로세스는 앞선 7장에 소개되어 있다.

**adbrix 연동하기**
**TUNE 연동하기**
**AppsFlyer 연동하기**

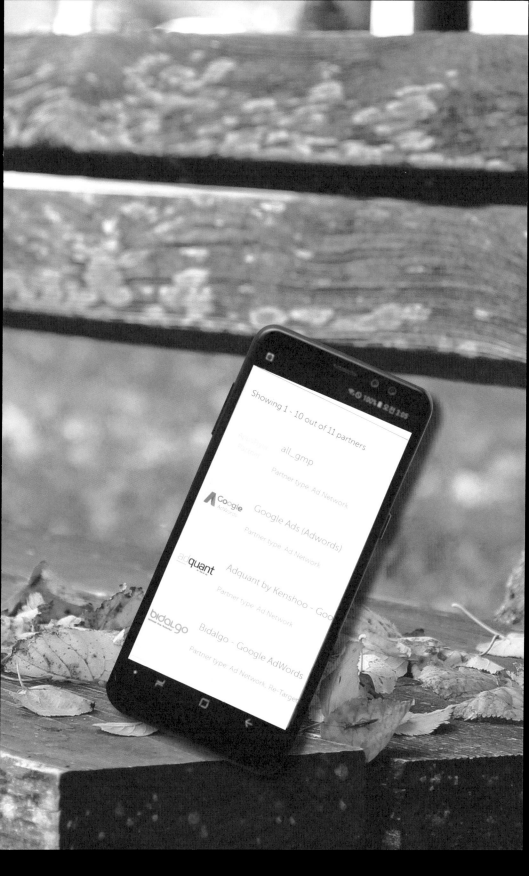

# [ adbrix 연동하기 ]

adbirx로 링크 ID를 발급받기 위해서는 TUNE, Appslyer, Adust와 조금은 다른 프로세스가 진행되어야 한다. 먼저 구글애즈에서 [도구] – [연결된 계정] – [타사 앱 분석]을 통해 들어가 타사 앱 분석 연결에 대한 페이지를 확인한다.

'링크 ID 만들기'를 클릭하면 다음과 같은 팝업창을 확인할 수 있으며, 앱 분석 제공 업체를 클릭 후 기타 공급업체를 클릭한다.

이후 공급업체의 ID를 입력한다. 여기서 adbrix의 공급업체 고유 ID는 '1145718668'이다. 이 번호를 넣으면 adbrix 링크 ID가 발급된다. 다음으로 모바일 앱 플랫폼(Android or iOS)를 선택하고, 광고하고자 하는 앱을 선택한다. 마지막으로 링크 ID 만들기를 클릭한다.

이제 발급된 링크 ID를 adbrix에 접속하여 연동한다. Adbrix에 들어가게 되면 좌측 메뉴에서 tracking link를 선택한 후 Media setting을 클릭하면 다음과 같은 화면을 확인할 수 있다.

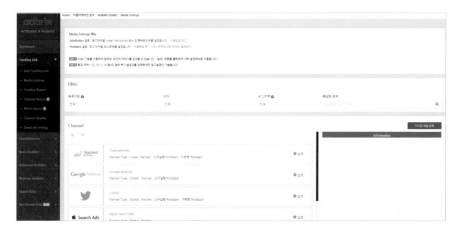

'Google Adwords'를 확인한 후 우측에 설정을 선택한다. 불러온 페이지에서 Postback 설정으로 이동 후 우측에 보이는 '애드워즈 설정하기'를 클릭한다.

다음으로 구글애즈에서 발급 받은 링크 ID 입력란을 작성한다. 관리용 이름 및 업체명, 구글계정 정보를 추가하여 진행한다. '신규실행 성과측정'은 고정으로 선택된다.

이벤트 포스트백 설정은 UAC advanced, UAC for Action에서 활용하는 인앱 액션 최적화를 위한 기능이다.

| 관리용 이름 | test |
| --- | --- |
| Link ID | testtesttesttesttesttesttesttest |
| 업체명(Option) | testcampaign |
| 구글계정(Option) | gf@dfirst-inc.com |

**포스트백 설정**

| 신규실행 성과측정 | ✔ 설정합니다. |
| --- | --- |
| 이벤트 포스트백 설정 | ✔ 설정합니다. |

이벤트 타입　　　　　이벤트 이름　　　　　mapping

*(이벤트 타입을 선택* ▾　*(이벤트 이름을 선택* ▾　➜　in_app_purchase ▾　⊖　⊕

이벤트 타입, 이벤트 이름, Mapping 모두 설정해주세요.

취소　　　　　　　　　　　　　　　　　　　　저장

구글애즈와 Adbrix 연동이 완료되었다. 끝으로 구글애즈에서 adbrix에서 설정된 전환을 불러와야 한다. 7장에서 소개한 내용과 같이 [도구] – [전환] – [좌측 상단에 + 선택] – [앱] – [타사 앱 분석]을 클릭한 후 설정된 이벤트를 불러오면 최종 완료된다.

# [ TUNE 연동하기 ]

구글애즈에서 [도구] – [연결된 계정] – [타사 앱 분석]로 이동한다. '타사 앱 분석' 선택 후 앱 분석 제공 업체를 클릭 후 TUNE를 선택한다. 모바일 앱 플랫폼 (Android or iOS)을 선택한 후 광고 하고자 하는 앱 을 선택하여 링크 ID 만들기를 클릭한다.

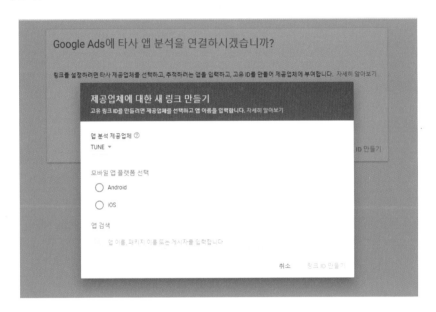

발급된 링크 ID를 TUNE에 접속하여 연동을 진행한다. TUNE 계정에 들어가면 좌측 메뉴에서 Integrated Partners를 선택한다. Google를 설정 후 오른쪽 Action에서 Enable를 선택한다.

Enable를 선택하면 아래와 같은 화면을 볼 수 있다. Connected Apps 〉App 부분에 구글애즈 광고를 진행할 앱을 선택해 준다. Google AdWords 링크 ID부분에 구글애즈에서 발급받은 링크 ID를 입력한다. 이때 주의할 점은 광고할 앱 별로 구글애즈에서 링크 ID를 발급받아 각각 등록을 해야 한다.

## Google AdWords

Details    Postbacks    Attribution Settings

AdWords can help you reach high-quality users when they're ready to install new apps and keep them coming back to yours. Drive app installs and engagement across Google properties while people are searching for or using other apps, browsing relevant sites, or watching videos.

For conversion measurement, turn on auto-tagging in your Google AdWords account.

Partner is enabled

## Connected Apps

To create Postbacks, we'll need the Google AdWords Link IDs for each app. Show me where to find this.

App

Google AdWords Link ID

84E3AFCF59BAC8C6EBEC03D2AD5235CC

# [ AppsFlyer 연동하기 ]

AppsFlyer 계정에 들어가기 전에 구글애즈에서 발급된 링크 ID를 숙지해야 한다. AppsFlyer 연동을 위한 링크 ID를 구글애즈에서 발급 받아보자. 기존과 동일하게 '타사 앱 분석' 클릭한다. '앱 분석 제공업체'를 'AppsFlyer'로 선택한 후 플랫폼 및 앱을 입하고 링크 ID를 설정한다.

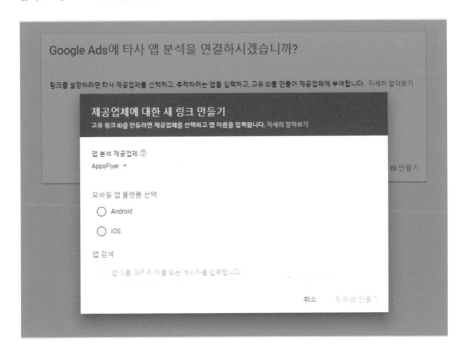

링크 ID 확인 후 AppsFlyer의 메인 대쉬보드에 들어가 좌측에 보이는 Integrated Partners를 클릭한다. 메인 화면 검색창에서 'google'을 검색하고 'Google Ads'를 선택할 수 있다.

'Google Ads'를 선택하고 '링크 ID'와 'Adwords customer id'를 넣는다. 링크 ID 는 구글애즈에서 발급한 ID를 적용하고, 'Adwords costmoer id'에는 구글애즈 계정 CID(숫자 10자리)를 넣으면 된다.

링크 ID 삽입이 완료되면, 다시 구글애즈로 넘어와 [도구] – [전환] – [좌측 상단 에 + 선택] – [앱] – [타사 앱 분석]을 클릭한다. 설정된 이벤트를 불러오게 되면 구 글애즈에서 타사 앱 전환 추적을 확인할 수 있다.

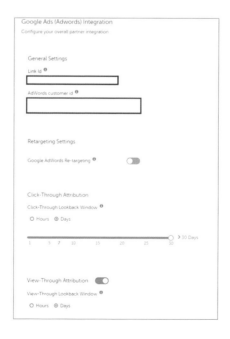

# PART 09

# 앱 인지도 확대를 위한 유튜브 & 디스플레이 광고하기

▶ 마스트헤드(Masthead)

▶ 트루뷰 인스트림(Trueview Instream)

▶ 트루뷰 디스커버리(Trueview Discovery)

▶ 범퍼애드(Bumper Ad)

▶ 구글 디스플레이 광고(GDN)

# [ 마스트헤드 광고(Masthead) ]

마스트헤드는 유튜브 PC와 모바일, 태블릿 첫 화면 상단에 하루 동안 동영상 배너 형태로 노출되는 광고 상품이다. 단기간 내에 많은 사람들에게 광고 영상을 노출시킬 수 있어 브랜딩에 효과적인 광고 방식이다. 마스트헤드 광고를 클릭하게 되면 영상이 재생되는데 일정 시간 시청을 하면 조회수가 증가한다. 또 마스트헤드 광고 노출 영역 내 외부링크로 연결하는 클릭투사이트(Click to Site), 콜투액션(Call To Action) 기능을 사용할 수 있다.

마스트헤드의 하루 광고 노출량은 상품 및 요일에 따라 차이가 있지만 동영상 마스트헤드를 기준으로 평균 노출량은 평일 6~7,000만 회, 주말 7~8,000만 회이다. 평균 클릭률은 광고 소재 형태에 따라 차이가 있지만 평균 약 PC 0.12~0.15%, 모바일 1.3~1.5%이다.

마스트헤드 광고 상품을 구매하려면 구글코리아를 통해 사전 예약 프로세스(문의 메일: adreserve-kr@google.com)를 거쳐야 한다. 마스트헤드는 인기가 좋아 원하는 날짜에 광고 집행을 원한다면 늦어도 1~2개월 전에는 예약 및 구매 확정을 해야 한다. 2019년 1분기 기준 마스트헤드 상품의 가격(변경 가능)은 아래의 표와 같다.

| 상품명 | 특징 | 2019 Q1 가격(vat제외) |
|---|---|---|
| 동영상 마스트헤드 | PC, Mobile web/App 100% 노출 | 96,326,000 |
| ROM<br>(Reach Optimized Masthead) | • PC : 100% 노출<br>• Mobile web : 0% 노출<br>• Mobile App : 모든 사용자의 하루 첫 2-3 회 방문 시 노출 | 46,000,000 |

동영상 마스트헤드 집행 시 영상 소재 형태에 따라서 추가 금액 없이 라이브스트림, 360 동영상, 영상 로테이션을 사용할 수 있다. 마스트헤드의 자세한 형태에 대해서는 다음 내용을 통해 알아보자.

### 마스트헤드 노출 형태

마스트헤드의 경우 소재 구성에 따라 여러 형태로 노출 가능하다. PC 기준 첫 번째로 메인 영상의 노출 비율을 선택할 수 있다. Full Bleed와 16:9 형태로 선택 가능하며, 설정 방식에 따라 Video Wall 영역이 달라진다:

빨간 박스 영역이 메인 영상이 노출되는 위치이며 Full Bleed를 설정할 경우 메인 영상의 중간 영역이 노출된다. 또한 Full Bleed로 설정 시 메인 영상의 오른쪽 하단에 Video Wall이 노출되는 형태이다.

### Full Bleed 설정

16:9 비율로 설정할 경우 메인 영상의 전 영역이 노출되며 메인 영상 오른쪽에 Video Wall이 노출된다. Full Bleed와 차이점은 메인 영상의 전 영역이 노출되는 형태이며 Video Wall 노출 영역이 커지게 된다.

### 16:9 설정

두 번째로 Video Wall 영역은 광고주가 설정한 플레이 리스트의 1번, 2번 영상이 고정 노출되는 형태이다. 노출되는 영역을 변경하기 위해서는 플레이 리스트의 영상 순서를 바꿔야 한다. 아래 예시 화면은 메인 영상(Full Bleed / 16:9) 설정과 Video Wall 유무에 따른 형태이다.

## Full Bleed+Video Wall 설정

## Full Bleed+No Video Wall 설정

## 16:9+Video Wall 설정

## 16:9+No Video Wall 설정

다음으로 모바일 마스트헤드 노출 형태에 대해서 알아보도록 하자. 메인 영상 소재의 썸네일이 보여지며 별도의 Video Wall 구간은 없는 형태이다. 썸네일 클릭 시 메인 영상 재생 화면으로 이동하며, 하단의 CTS(Click to Site) 영역의 'Visit site'를 활용하여 외부 웹사이트로 랜딩되도록 설정할 수 있다.

## 마스트헤드 노출 방법

마스트헤드 노출 방법이 업데이트되면서 일별로 최대 사용 가능한 소재 개수가 최대 5개로 늘었다. 그 방법으로는 크게 2가지 방식이 있는데, 첫 번째로 시간대 지정 방식이다. 일별 최대 3개의 소재 세트로 구성이 가능하며 광고주가 원하는 시간대를 지정하여 소재를 노출시킬 수 있다.

예를 들어 소재 세트1, 세트2, 세트3이 있다면 각각의 세트별로 노출 시간대를 지정하여 설정이 가능하다. 시간대별로 다른 행사 내용 또는 업데이트 시점에 맞추어 소재를 사용할 수 있는 장점이 있다.

두 번째로는 노출 비중을 지정하는 방식이다. 일별 최대 5개 소재의 세트로 구성이 가능하며 소재 세트별로 비중을 지정하여 광고를 노출시킬 수 있다.

예를 들어 소재 세트1, 세트2, 세트3, 세트4, 세트5가 있다면 각각의 세트별로 노출 비중을 지정하여 설정할 수 있다. 이 방법을 사용할 경우 지정된 노출 비중을 맞추기 위해 소재 세트가 랜덤으로 롤링되어 노출된다.

앞서 안내한 방법에는 단점도 존재한다. 소재 세트 구성 시 메인 영상 소재가 모두 다를 경우 마스트헤드를 통하여 확보되는 조회수가 분산되기 때문에 대표 메인 영상의 확보 가능한 조회수가 줄어들게 된다.

하지만 여러가지 영상 소재를 사용함으로써 유저들에게 다양한 볼거리를 제공할 수 있는 장점이 있기 때문에 광고주 특성에 맞게 소재를 구성하는 것이 좋을 듯 하다.

# [ 트루뷰 인스트림(Trueview Instream) ]

유튜브 동영상 광고 중 가장 대표적인 광고 방식이다. 자사 앱 서비스에 대한 브랜드 인지도 확대가 필요하다면 트루뷰 인스트림 광고(이하 인스트림 광고)를 진행해보자.

인스트림 광고는 유튜브 시청자가 동영상 시청 전, 시청 중간 지점에서 노출된다. 광고가 시작되면 5초 간 광고가 강제로 노출된 이후 건너뛰기(skip) 버튼이 등장한다. 광고의 과금 방식은 CPV(Cost Per View)로 유저의 시청 시간 또는 클릭에 따라 비용이 발생한다.

먼저 광고 영상이 30초 이상일 경우 30초 이상을, 30초 미만일 경우에는 시청을 완료해야 광고 비용이 발생한다. 여기에 영상 내 다양한 클릭 영역(제목, 랜딩URL, CTA 등)을 클릭하여도 과금이 된다.

트루뷰 인스트림 광고 PC와 모바일 노출 화면 예시

## 트루뷰 인스트림 광고 설정 프로세스

### ① 캠페인 > '새 캠페인' 만들기 클릭

### ② '브랜드 인지도 및 도달범위' 클릭

### ② '브랜드 인지도 및 도달범위' 클릭

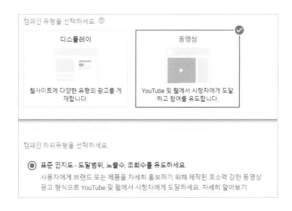

④ '캠페인 이름'은 해당 캠페인의 광고 상품명과 타겟팅 방식을 한 눈에 알아볼 수 있도록 작성한다. '일일예산'은 하루 동안 지출할 광고 비용을 넣고, '게재 방법'은 '일반게재'로 설정한다. '네트워크'에서 유튜브 내에서만 노출할지, 또는 구글의 디스플레이 동영상 지면에도 노출할지 여부를 선택하는데, 이 중에서 '유튜브 동영상'에서만 광고를 노출하길 권장한다.

| 캠페인 이름 | 트루뷰 인스트림 | | ∧ |
| | 22/120 | | |
| 예산 | 유형<br>일일예산 ▾<br><br>일일 평균 희망 지출액<br>₩          50,000<br><br>∨ 게재 방법 | | 한 달을 기준으로 보면 일일예산에 월 평균 일수를 곱한 금액보다 초과 지출되는 경우는 없습니다 일일예산보다 적은 금액을 지출하는 날도 있고, 일일예산외 최대 2배까지 지출하는 날도 있습니다. 자세히 알아보기 | ∧ |
| 시작일 및 종료일 | 시작일: 최대한 빨리 시작          종료일: 설정되지 않음 | | ∨ |
| 네트워크 | YouTube 동영상, 디스플레이 네트워크의 동영상 파트너 | | ∨ |
| 언어 | 한국어 | | ∨ |
| 위치 | 대한민국(국가) | | ∨ |
| 입찰 전략 | 최대 CPV | | ∨ |

⑤ '광고 게재 위치 정의'는 기본 설정 방식대로 유지하거나 자신의 광고 목표와 맞지 않은 게재 지면 콘텐츠를 제외 처리한다. 이어서 원하는 광고 노출 기기와 인당 광고 노출 횟수를 지정하는 '게재빈도 설정'을 진행한다.

| 콘텐츠 제외: 광고 게재 위치 정의 | | | |
| 인벤토리 유형 | 표준 인벤토리 | | ∨ |
| 제외된 콘텐츠 | 모두에게 표시 | | ∨ |
| 제외된 유형 및 라벨 | 유형<br>모두에게 표시 | 라벨<br>등급이 지정되지 않은 콘텐츠 | ∨ |
| 기기 | 게재 가능한 모든 기기(컴퓨터, 모바일, 태블릿, TV 화면) | | ∨ |
| 게재빈도 설정 | 없음 | | ∨ |
| 광고 일정 | 종일 | | ∨ |

⑥ 원하는 타겟팅을 설정하고 입찰가를 넣는다. 트루뷰 인스트림 광고의 최대 권장 CPV 입찰가는 40~50원이다.

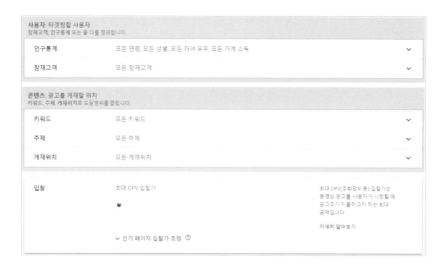

⑦ 마지막 단계로 '동영상 광고 만들기'에서 광고를 할 영상의 유튜브 URL을 넣으면 예시 화면과 함께 동영상 광고 형식을 선택하게 된다. 인스트림 광고 설정 후 필요한 광고 정보를 기입하면 완료된다.

# [ 트루뷰 디스커버리(Trueview Discovery) ]

트루뷰 디스커버리(이하 디스커버리) 광고는 유튜브 검색 결과, 그리고 유저 영상 시청페이지에서 '추천영상'의 형태, 그리고 구글이 보유한 디스플레이 네트워크 영역 등에 노출된다. 이 광고 방식은 명확하게 영상을 시청할 의도가 있는 유저들이 미리 보기 이미지 또는 텍스트를 클릭하여 영상을 보기 때문에 일반적으로 시청 시간이 길다. 또 절대적으로 많은 광고 노출수를 확보할 수 있어 자사 앱을 알리는데 효과적인 광고 방식이다.

디스커버리 광고의 특징은 광고 클릭 시 영상 시청페이지 또는 광고주 원채널로 넘어간다는 점이다. 일반적으로는 영상을 시청할 수 있는 시청페이지로 설정하게 되는데, 이때의 장점은 영상을 시청하면서 다양한 유저들의 참여를 이끌 수 있다는 점이다. 광고 과금은 영상 이미지 또는 텍스트 클릭 시(영상 시청 시간과 무관) 이뤄진다.

디스커버리 광고 1) 유튜브 첫 화면(홈) 2) 검색결과 상단 3) 영상 시청 페이지 추천 영상 상단 노출 모습

## 트루뷰 디스커버리 광고 설정 프로세스

① 캠페인 > '새 캠페인' 만들기 클릭

② '제품 및 브랜드 구매 고려도' 클릭

③ '동영상' > '표준 구매 고려도' 클릭

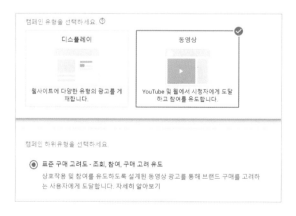

④ 캠페인 설정 방법은 '인스트림 광고'와 동일하여 생략하고, '동영상 광고 만들기'부터 설명한다. '동영상 디스커버리 광고'를 클릭한 이후 광고 노출에 필요한 '미리보기 이미지' 설정과 텍스트를 작성한다. 화면 오른쪽에서는 각각 노출 위치별로 예시 화면을 볼 수 있다. 모든 설정을 완료하면 디스커버리 광고를 설정하고 마무리한다.

# [ 범퍼애드(Bumper Ad) ]

범퍼애드는 현재 가장 트렌디 한 동영상 광고 방식 중 하나다. 일단 광고 노출 시간이 6초 이내로 매우 짧은 것이 특징으로, 6초 내에 직관적인 메시지로 임팩트 있게 메시지를 전할 수 있다.

범퍼애드의 장점을 꼽으라면 가장 먼저 광고에 대한 거부감이 낮다는 것이다. 광고 노출이 6초 이하여서 시청자들에게 큰 거부감 없이 전해질 수 있다. 두 번째는 영상 소재 제작의 편리성이다. 유튜브 광고 집행에 있어 큰 걸림돌 중에 하나는 바로 광고 영상 제작이었다. 마지막으로 광고 비용도 저렴하다. 입찰과 과금은 노출 1,000회당 비용을 지불하는 방식의 CPM(Cost Per Mille)으로, 평균 CPM은 3~4천원 정도이다.

범퍼애드 PC와 모바일 노출 화면 예시

## 범퍼애드 디스커버리 광고 설정 프로세스

① 캠페인 〉 '새 캠페인' 만들기 클릭

② '제품 및 브랜드 구매 고려도' 클릭

③ '동영상' 〉 '표준 구매 고려도' 클릭

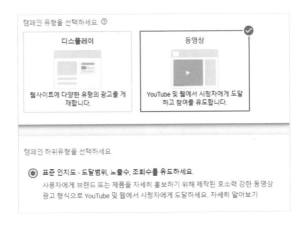

④ 캠페인 설정 방식이 인스트림 광고와 동일하나 '입찰 전략'에서 '최대 CPM' 입찰을 선택해야 한다.

⑤ 범퍼애드의 최대 CPM 입찰가는 3~4,000원 사이가 적정하다. 동영상 광고 형식에서 범퍼애드를 선택하고, 유튜브에 업로드 한 6초 이하 영상 URL을 적용한다. 이어 영상 클릭 시 랜딩 URL을 넣은 후 완료하면 설정이 끝난다.

# [ 구글 디스플레이 광고(GDN) ]

구글 디스플레이 광고는 이미지와 텍스트, 영상 소재를 사용하는 온라인 디스플레이 네트워크 광고다. 광고가 게재되는 지면의 특성 또는 유저의 특징을 기반으로 타겟팅 되어 광고가 노출된다.

구글 디스플레이 광고는 우리나라를 포함해 전 세계 유저들에게 광고 메시지를 보낼 수 있다. 국내적으로는 언론사, 커뮤니티, 유튜브 등 약 8만 여개 지면에 광고가 노출되며, 약 93% 도달율을 자랑한다. 전 세계적으로도 약 200만 개 이상의 웹사이트, 동영상, 모바일 앱 등과 제휴를 맺고 있어 90% 이상의 인터넷 사용자에게 도달 가능하다.

앱 마케팅에 있어 구글 디스플레이 광고는 앱 서비스에 대한 사전 예약 캠페인을 하거나 브랜딩을 강화하여 자발적인 앱 설치를 증대시키는 데 큰 도움을 준다. 구글 디스플레이 광고에 대해 알아보자.

구글 디스플레이 광고 노출 화면 예시

## 구글 디스플레이 광고 설정 프로세스

① 캠페인 〉'새 캠페인' 만들기 클릭

② '목표에 따른 안내 없이 캠페인 만들기' 클릭(캠페인의 목표는 각기 다를 수 있으므로 특정하지 않고 캠페인 설정을 한다)

③ '디스플레이' 클릭 〉'표준 디스플레이 캠페인' 클릭 〉 웹사이트 URL 입력(필수는 아님)

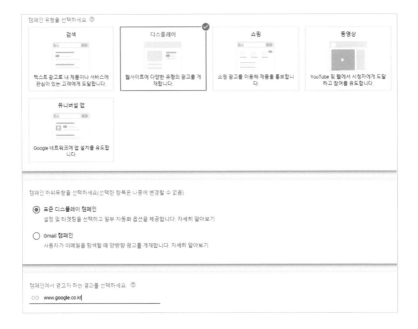

④ 캠페인 이름 작성 〉 타겟으로 하는 위치와 언어 설정 〉 입찰 방식 선택

⑤ 일일예산 설정 〉광고 노출 방식 선택(표준은 일예산을 최대한 균등하게, 빠른 게재는 최대한 공격적인 광고 노출을 의미한다)

⑥ 광고그룹 이름 작성 〉원하는 타겟팅 설정 〉광고그룹 입찰가 적용

타겟팅의 경우 2개 이상 선택 시 교차 타겟팅으로 적용된다. 예를 들어 인구통계 타겟팅은 20-30대 남녀로 선택하고, 게재 위치 타겟팅은 특정 언론사로 지정하면 20-30대 남녀 중 해당 언론사 홈페이지에 방문한 유저에게만 광고가 노출된다.

광고그룹 입찰가는 광고 목표와 타겟팅 방식에 따라 자신이 판단하는 금액을 넣으면 된다. 평균적으로 PC는 약 300원, 모바일은 약 150원이 무난하다.

⑦ '광고' 클릭 〉 '이미지' 소재 또는 '반응형' 소재 등록 여부 선택 〉 랜딩 URL 적용 〉 캠
페인 모든 설정 완료

구글 디스플레이 광고에서 허용 되는 이미지 사이즈와 용량은 아래와 같다.

## 지원되는 크기 및 형식

### 파일 형식

| | |
|---|---|
| 이미지 형식 | GIF, JPG, PNG |
| AMPHTML 형식 | HTML 문서 1개와 미디어 애셋 최대 39개가 포함된 ZIP 파일 |
| 최대 크기 | 150KB |

### 광고 크기

| 정사각형 및 직사각형 | | 리더보드 | |
|---|---|---|---|
| 200 × 200 | 작은 정사각형 | 468 × 60 | 배너 |
| 240 × 400 | 세로 직사각형 | 728 × 90 | 리더보드 |
| 250 × 250 | 사각형 | 930 × 180 | 상단 배너 |
| 250 × 360 | 트리플 와이드스크린 | 970 × 90 | 큰 리더보드 |
| 300 × 250 | 인라인 직사각형 | 970 × 250 | 빌보드 |
| 336 × 280 | 큰 직사각형 | 980 × 120 | 파노라마 |
| 580 × 400 | 넷보드 | | |

| 스카이스크래퍼 | | 모바일 | |
|---|---|---|---|
| 120 × 600 | 스카이스크래퍼 | 300 × 50 | 모바일 배너 |
| 160 × 600 | 와이드 스카이스크래퍼 | 320 × 50 | 모바일 배너 |
| 300 × 600 | 반 페이지 | 320 × 100 | 큰 모바일 배너 |
| 300 × 1050 | 세로 | | |

캠페인 설정 마지막으로 특정 기기에 광고 노출을 원하지 않는다면 '캠페인 〉 기기'에서 광고가 노출되기를 원하는 않은 기기의 입찰가 조정을 '감액 100%'로 적용한다.

| 게재위치 | | 기기 ↑ | 수준 | 다음에 추가됨 | 입찰가 조정 |
|---|---|---|---|---|---|
| 설정 | ☐ | 컴퓨터 | 캠페인 | 디스플레이-4 | -100% |
| 위치 | ☐ | 휴대전화 | 캠페인 | 디스플레이-4 | – |
| 광고 일정 | ☐ | 태블릿 | 캠페인 | 디스플레이-4 | – |
| 기기 | ☐ | TV 화면 | 캠페인 | 디스플레이-4 | -100% |
| 고급 입찰가 조정 | | 전체: 캠페인 ⑦ | | | |

> **PART 10**
# 구글 모바일 전문가 자격증 취득하기

구글 모바일 광고 상품과 타겟팅, 운영, 최적화, 리포트 등을 알아 보았다. 책에서 배운 구글 모바일 광고의 모든 것을 확인하는 시간으로, 구글 모바일 광고 전문성을 검증하는 'Google Ads 모바일 인증' 시험을 소개한다.

모바일 인증 시험은 구글애즈 모바일 광고 캠페인 생성과 운영, 최적화 등 모바일 광고 전반에 대한 개념을 묻는다. 구글 모바일 광고 전문가가 되기 위해서는 모바일 인증 시험 통과는 필수이니, 이번 기회를 통해 증명해보자.

시험은 구글의 온라인 교육 프로그램인 'Academy for Ads(https://academy. exceedlms.com)'를 통해 평가에 응시할 수 있다. 참고로 모바일 인증 시험을 보기 위해선 사전에 기초 인증 시험을 통과해야 모바일 인증 시험 응시가 가능하다.

---

**모바일 인증 시험**
시험시간 90 분, 70개 문항, 80점 이상 합격, 불합격 시 1일 이후 재응시 가능, 12개월의 유효기간

---

**기초 인증 시험**
시험시간 90 분, 65개 문항, 80점 이상 합격, 불합격 시 1일 이후 재응시 가능, 12개월의 유효기간

---

▶ **모바일 인증 합격을 위한 필수 개념 체크**
▶ **모바일 인증 시험 대비 모의고사(50문제)**
▶ **기초 인증 시험 대비 모의고사(50문제)**
▶ **모바일 인증 시험 응시하기**

# [ 구글 모바일 인증 합격을 위한 모의고사 ]

모의고사는 모바일 인증 시험을 대비하기 위해 50문항으로 만들었으며, 관련 기본 지식과 문제의 유형을 미리 경험해 볼 수 있다.

**01  모바일에서 전환 유도를 목표로 하는 광고주에게 가장 적합한 입찰 옵션은?**

① 모바일 입찰가 조정

② 목표 광고 투자수익(ROAS)

③ 타겟 전환당비용(CPA)

**02  UAC(Universal App Campaign)의 입찰 중 다른 것은?**

① 목표 설치당 비용(CPI)

② 타겟 전환당 비용(CPA)

③ 클릭당비용(CPC)

**03  UAC 캠페인 광고애셋의 조합으로 맞는 것은?**

① 텍스트문안, 이미지

② 텍스트문안, 이미지, 동영상, HTML5

③ 텍스트문안, 이미지, 동영상

**04  광고주가 앱 내에서 유저에게 노출하고자 하는 콘텐츠의 위치로 열리게 하는 것은?**

① 딥 링크

② 위치 링크

③ 리마케팅 링크

**05  UAC(Universal App Campaign)가 노출되는 위치는?**

① Google.com에서만

② YouTube 내에서만

③ 검색 및 디스플레이 네트워크와 Google Play, YouTube

**06 앱을 다운받았으나 이용하지 않는 유저에게 취할 수 있는 캠페인은?**

① 대규모 증정 이벤트 진행

② 앱 재참여 캠페인 활용하기

③ 데스크톱 기반의 리마케팅 캠페인 진행


**07 앱 광고주가 타사 추적 회사를 이용해야하는 가장 중요한 이유는?**

① 구글애즈에서 링크 ID를 발급받아 쉽고 연동이 가능하며, 관련하여 인앱 액션을 추적할 수 있음

② 캠페인의 클릭수를 최대화하기 위함

③ 애널리틱스 보고서를 확인할 수 있음


**08 앱 설치 캠페인에서 타사 앱 추적 없이 확인할 수 있는 것은?**

① 안드로이드 앱 설치 및 인앱 구매

② iOS 앱설치

③ 안드로이드, iOS의 앱 설치 및 인앱 액션


**09 앱 전환을 추적하지 않는 방법을 선택하세요.**

① 앱와 Firebase 통합을 통한 전환 추적

② 앱에 자바스크립트 스니펫 추가

③ 타사 앱 추적 활용


**10 앱 재참여 캠페인을 효율적으로 하기 위해 필요하지 않은 것은?**

① 앱 사용자 목록

② 딥링크

③ 웹사이트 페이지


**11 UAC에서 설정할 수 있는 항목 중에 할 수 없는 것은?**

① 위치 타겟팅

② CPC 입찰

③ 언어

**12 UAC Advaced의 정의로 올바른 것은?**

① 신규 사용자 확보

② 특정 인앱 액션의 가능성이 높은 유저에게 광고를 노출시키며 인스톨 극대화

③ 특정 인앱 액션 극대화


**13 UAC의 설명으로 옳지 않은 것은?**

① 특정 지면 타겟팅이 가능하다

② 머신 러닝 기반의 자동 최적화가 가능하다

③ 특정 전환을 최적화할 수 있다


**14 다음 중 광고주가 앱에서 수익을 얻을 수 있는 방법이 아닌 것은?**

① 인앱 구매

② 애드센스 운영

③ 인스톨


**15 앱을 설치한 유저가 온라인에서 제품을 보다가 제품 링크를 발견하고 클릭했을 때 딥링크를 설정했다면 이동하게 될 위치는?**

① 앱의 해당 제품 페이지 링크

② 광고주 홈페이지

③ 앱 마켓 페이지


**16 UAC 광고를 YouTube에서 인스트림 광고를 게재하려면 충족해야 할 조건은?**

① YouTube Trueview 광고를 집행

② HTML5 광고를 제공

③ 동영상 소재를 제공


**17 다음 중 Firebase를 구글애즈에 연결하는 데 필요한 조건은?**

① 링크 ID를 통한 연동

② 50회를 초과하는 앱 설치 또는 전환

③ Firebase 계정이 캠페인 소유자이며, 구글애즈에서 관리 엑세스 권한을 보유

18  UAC 광고 애셋의 유형별 개수로 텍스트 소재는 __개, 이미지 소재는 최대 __개, 동영상 소재는 최대__개까지 등록이 가능하다
① 4,5,5
② 5,10,10
③ 4,20,20

19  데스크탑에서 더 많은 가치가 발생한 것으로 전환 데이터에 나타나면 PC 입찰가를 _____하세요. 모바일에서 더 많은 가치가 발생한 것으로 전환 데이터에 나타나면 모바일 입찰가를 _____하세요
① 증액, 증액
② 감액, 감액
③ 감액, 증액

20  다음 중 모바일 전용 표시 URL을 이용하는 목적은?
① PC 홈페이지에서 발생하는 클릭을 효과적으로 추적하기 위해
② 타 광고주와의 차별성을 보여주기 위해
③ 모바일 친화적인 방문 페이지를 보유하고 있음을 보여주기 위해

21  모바일 이용자가 오프라인 매장 근처에 있을 때 광고를 보여주기 가장 쉬운 방법은?
① 매장 근처에 거주하는 특정 사용자를 타겟팅
② Google 마이 비즈니스 위치 주변 반경을 타겟팅
③ 구글애즈 통화 전용 광고에 전화를 건 이용자를 타겟팅

22  유니버설 앱 캠페인을 실행할 수 있는 위치는?
① 디스플레이 에서만
② Google Play와 앱 스토어에서
③ 검색 및 디스플레이 네트워크와 YouTube

**23** 앱에서만 가능했던 수 많은 기능을 지원하는 새로운 유형의 모바일 사이트가 등장하면서 사이트와 앱의 경계가 모호해졌습니다. 이러한 사이트를 의미하는 용어는?

① 프로그레시브 웹 앱(PWA)

② 프로그레시브 사이트

③ 향상된 모바일 사이트

**24** 모바일 버전의 Google 지도에서 검색 파트너 사이트에 노출 가능한 광고 게재를 위해 사용해야 할 것은?

① 추가 제품 정보

② 추가 위치 정보

③ 추가 모바일 정보

**25** 모바일 전환에 이르는 경로는 데스크톱 또는 태블릿에서의 전환 도달 경로와 다릅니다. 다음 중 그 이유에 해당하지 않는 것은?

① 화면 크기가 다름

② 의도

③ 상황

**26** 다음 중 모바일 앱의 설치를 확대할 수 있는 확장 기능은?

① 구조화된 스니펫 광고 확장

② 사이트링크 광고 확장

③ 앱 광고 확장

**27** 휴대전화에 앱을 설치한 철수는 온라인에서 제품을 구경하다가 제품 링크를 발견하고는 흥미가 생겨 링크를 클릭합니다. 딥 링크를 사용 설정했다면 철수가 이동하게 될 위치는?

① 모바일 사이트의 해당 제품 페이지

② 앱을 설치할 수 있는 Google Play 스토어 또는 앱 스토어 페이지

③ 앱의 해당 제품 페이지

**28** _____은(는) 유저가 광고를 클릭한 후 발생한 상황(예: 구매, 앱 다운로드, 광고주의 사업장에 전화)을 보여줄 수 있는 도구입니다.

① 전환추적

② 앱 광고 확장

③ 사이트링크

**29** 광고주가 통화 유도를 중요하게 생각하는 이유는?

① 젊은 고객층이 전화 주문을 선호함

② 통화 시의 전환율이 훨씬 높음

③ 모바일 통화 광고가 입찰 시 유리함

**30** 좋은 모바일 사이트 설계의 핵심 요소가 아닌 것은?

① 간편한 검색

② 간편한 사용자 맞춤 설정

③ 화려한 모바일 이미지

**31** 다음 중 모바일의 전체 가치를 이해하기 위해 고려해야 하는 것은?

① 앱 다운로드 수, 통화수, 매장 방문수, 교차 기기 전환수, 모바일 전환수

② 모바일 클릭수

③ 모바일 광고 형식의 사용 방식, 앱 및 모바일 사이트 디자인 관련 권장사항

**32** AdMob은 \_\_\_\_입니다.

① 앱 프로모션 광고 형식

② 맞춤 딥 링크

③ 애드워즈에서 네트워크에 속하지 않은 모바일 앱 인벤토리

**33** _____은(는) 광고주의 비즈니스에 대한 추가 정보를 보여주는 광고 형식입니다.

① 딥 링크 광고 확장

② 광고 확장

③ 앱 실행

**34  앱 캠페인 광고를 YouTube 인스트림 동영상 광고로 게재하려면 충족해야 할 조건은?**

① 동영상 소재를 사용

② 세로 모드의 동영상만 사용

③ 추가 YouTube 비용을 지불


**35  모바일 광고 전략으로 어울리지 않은 것은?**

① 모바일 친화적 웹사이트 제작

② 모바일용 타겟팅을 설정

③ 휴대기기에 입찰가를 낮게 설정


**36  UAC 광고 소재 전략 중 맞지 않는 것은?**

① 단일 이미지 소재 등록

② 광고하고자 하는 앱의 다양한 컨셉 이미지 등록

③ 정방향, 세로형, 가로형 동영상 애셋 등록


**37  타겟 CPA 입찰의 정의로 맞는 것은?**

① 주요 목표에 따라 전환을 유도하는 입찰로 활용

② 광고에 필요한 최적의 클릭당 단가를 수동으로 조정

③ 과금이 CPC 과금이 아닌, CPA로 진행


**38  앱을 설계할 시 권장되지 않은 사항은?**

① 사용자 입장에서 쉽고 편하게 사용할 수 있는 인터페이스 제공

② 사용자가 앱을 열어 회원가입 진행 시, 민감한 프로필 정보 입력을 요구

③ 모바일 화면에 맞춤형 된 이미지 사이즈로 조정


**39  UAC 캠페인 최적화 전략으로 옳지 않은 것은?**

① 광고 애셋 데이터를 활용한 소재 최적화

② 효율에 따른 CPA 입찰가 조정

③ 예산 소진이 부족할 시, 새로운 캠페인 셋팅

**40  앱 재참여 캠페인을 이용할 경우 타겟팅 할 수 있는 사용자로 올바른 것은?**

① 이 광고주의 앱을 사용한 적이 있는 사용자

② 이 광고주의 앱을 검색한 적이 있는 사용자

③ 이 광고주의 앱과 유사한 앱을 검색한 적이 있는 사용자


**41  다음 중 광고주가 구글애즈의 모바일 광고를 사용하는 목적이 아닌 것은?**

① 모바일에 최적화된 웹사이트 구축

② 광고주의 앱을 다운로드한 적이 있는 사용자가 앱을 다시 이용하도록 유도

③ 사용자가 앱을 다운로드할 경우 전환추적


**42  PC 사이트의 크기를 작은 화면에 맞춰 조정하는 대신 모바일 웹이나 앱을 구축해야 하는 이유는?**

① 저렴한 비용으로 모바일 고객에게 좁은 범위의 옵션을 제공할 수 있음

② 데스크톱 사이트는 일반적으로 휴대기기에 로드 되는 속도가 느림

③ 모바일 사용자는 웹사이트에서 제공하는 모든 기능을 필요로 하지 않음


**43  다음 중 SDK 대신 서버 간 앱 전환추적을 이용할 때의 장점으로 올바른 것은?**

① SDK와 전환추적 코드를 추가할 경우 잘못 구현하면 앱에서 버그가 발생할 수 있음

② 코드 없는 전환추적보다 설정하는 것이 더 쉬움

③ 플랫폼에 여러 개의 SDK를 추가해도 앱 코드의 파일 크기의 변화가 없음


**44  다음 중 쇼루밍의 정의로 올바른 것은?**

① 브랜드에서 모바일을 통해 특정 제품만을 판매하는 현상

② 모바일 사용자가 오프라인 상점을 전시장 앱처럼 활용하는 현상

③ 다양한 브랜드가 모바일에서 브랜드 게재위치를 두고 경쟁하는 현상


**45  다음 중 모바일 광고 확장의 유형이 아닌 것은?**

① 추가 사이트링크 정보

② 앱 광고 확장

③ 추가 다운로드 정보

**46  다음 중 딥 링크 기능을 사용할 경우로 가장 타당한 것은?**

① 광고에서 고객을 앱의 정밀하게 타겟팅된 특정 페이지로 연결 시킬 수 있음

② 데스크톱 사용자가 모바일 앱의 정밀하게 타겟팅된 특정한 페이지로 연결 시킬 수 있음

③ 모바일 사용자와 데스크톱 사용자가 같은 모바일 앱을 사용할 수 있음


**47  전환에 대한 모바일의 기여도를 더 정확히 파악하기 위해 광고주가 고려해야 할 것은?**

① 첫 번째 클릭 및 마지막 클릭

② 고객 의도

③ 마지막 클릭뿐 아니라 그 이상


**48  앱에서 이탈한 사용자가 다시 앱을 복귀하게 유도하려면?**

① 광고를 클릭한 사용자에게 리워드 제공

② PC 웹사이트를 방문하는 사용자의 앱 이용 유도

③ 검색, 디스플레이, 동영상 광고를 통하여 효과적인 메시지를 게재하여 앱 사용자를 리마케팅


**49  앱에서 전환을 추적하려면 Firebase SDK를 앱에 추가하면 됩니다. 다음 중 SDK의 의미로 맞는 것은?**

① Software Development Kit

② Software Deprecation Kit

③ Schema Development Kit


**50  _____은(는) 앱에 광고주가 사용자에게 보여주려는 특정 페이지로 연결합니다.**

① 리마케팅 링크

② 위치 광고 확장

③ 딥 링크

# [ 구글 기초 인증 합격을 위한 모의고사 ]

모의고사는 기초 인증 시험을 대비하기 위해 50문항으로 만들었으며, 관련 기본 지식과 문제의 유형을 미리 경험해볼 수 있다.

**01 홍콩에 거주하는 사용자에게 게재되는 광고에서 낮은 전환수를 기록하는 광고주가 있습니다. 이 광고주가 효율을 개선하고자 할 때 취할 수 있는 효과적인 방법은?**

① 위치 입찰가 조정을 통해 홍콩에 있는 고객에 대한 입찰가 높이기

② '홍콩'라는 키워드를 추가하여 광고가 게재되는 위치를 조정

③ 위치 입찰가 조정을 사용하여 홍콩에 있는 고객에 대한 입찰가 낮추기

**02 유저가 광고를 클릭 후 발생되는 특정 액션(회원가입, 구매완료, 장바구니 등)을 지칭하는 정의는?**

① 광고 확장

② 전환

③ 조회

**03 특정 국가를 대상으로 광고를 게재할 때 도움이 되는 타겟팅은?**

① 위치 타겟팅

② 인구 통계 타겟팅

③ 리마케팅

**04 슈퍼를 운영하면서 야채에 대한 광고그룹을 만들려는 광고주가 있습니다. 이 광고주의 광고에 가장 적합한 방문 페이지는?**

① 야채에 대한 정보 및 문의 양식이 있는 페이지

② 다양한 식료품, 생활용품을 보여주는 페이지

③ 야채 판매 페이지로 연결되는 링크가 있는 홈페이지

**05** 웹사이트 유입이 목표이고 광고 클릭에 관심이 있는 광고주가 있습니다. 이 광고주에게 적합하지 않은 기능은?

① 영상 조회 최적화 캠페인

② 클릭수 최대화 입찰전략

③ 1000회 노출당 비용(CPM) 입찰

**06** 뮤지션의 사인 CD를 판매하는 광고주가 음악에 관심이 있는 고객에게 광고를 게재하고 싶어합니다. 디스플레이 네트워크에서 모바일 앱 캠페인을 통해 광고로 제품을 홍보할 경우 얻을 수 있는 장점은?

① 소비자에게 오프라인 상점을 방문하여 제품을 구매하도록 유도

② 직접 선택한 카테고리의 앱에서 자신의 광고가 게재되도록 설정할 수 없음

③ 휴대기기를 이용하는 사용자에게 앱 설치를 권장할 수 있음

**07** 사람들이 출퇴근 시간에 고객의 서비스를 검색하는지를 알 수 있는 방법은?

① 검색어 보고서 실행

② 시간을 기준으로 실적 통계 분류

③ 위치 보고서를 실행하여 확인

**08** 구글애즈 캠페인을 통해 광고주가 투자수익(ROI)을 측정하기 위해 알아야 하는 정보는?

① 온라인 전환 목적인 캠페인에서는 투자수익을 계산할 수 없음

② 지출된 예산과 작성된 양식 수의 비율

③ 생성된 리드 가치 대비 캠페인의 지출 금액

**09** 중고 전자기기 판매자인 고객을 조사한 결과 이 고객의 웹사이트 방문자들은 전자기기 리뷰 블로그도 방문하는 것으로 나타났습니다. 이들에게 광고를 게재하려고 할 때 가장 적합한 타겟팅 방법은?

① 리마케팅

② 키워드 타겟팅

③ 게재위치 타겟팅

**10 실적이 저조한 키워드의 품질평가점수를 높이려는 광고주가 있습니다. 이 광고주에게 권장할 수 있는 방법은?**

① 모든 키워드를 삭제하고 키워드 플래너를 이용하여 더욱 관련성 높은 키워드 찾기

② 키워드에 대한 광고그룹 입찰가 조정을 +10%로 설정

③ 관련성 높은 방문 페이지로 연결되도록 이 키워드와 연결된 광고를 수정


**11 다음 중 키워드 플래너를 이용해 확인할 수 있는 것은?**

① 키워드에 의해 가장 우수한 실적을 보이는 텍스트 광고

② 키워드의 검색 쿼리 수

③ 키워드에 의해 광고가 게재될 수 있는 웹페이지


**12 전통 매체 광고에서는 미리 정해진 예산이 사용됩니다. 반면, 온라인 광고 캠페인에서는 광고주가 광고 비용을 효율적으로 투자할 수 있도록 가능하게 해주는 가장 큰 요인은?**

① 오프라인 매체에서도 실시간으로 트래픽을 측정 가능

② 지속적인 트래픽 변화로 인해 온라인 캠페인에는 예산을 예측할 수 없음

③ 온라인 캠페인은 실시간으로 실적 측정이 가능하며 자동화를 통해 ROI가 흑자가 되는 경우도 많음.


**13 다음 중 온라인 광고의 장점은?**

① 광고주의 제품 또는 서비스에 관심이 있을 것 같은 사용자에게 광고 게재

② 특정 고객에 대한 정보 자동 수집

③ 자연 검색 결과에서 게재순위 상승


**14 고객의 캠페인에서 비용이 하루가 끝나기 전에 일일예산에 빠르게 도달할 경우 일 예산의 효과를 극대화하는 방법은?**

① 광고 게재와 비용 발생이 중단되도록 캠페인 일시중지

② 광고 게재 방법을 '일반 게재'로 변경

③ 일일예산 높이기

**15** 고객의 캠페인에서 전환효율이 좋지 않아서, 검색어 보고서를 검토하다가 광고 내용과 관련이 없는 검색어를 발견했습니다. 이러한 경우 처리할 수 있는 방법은?

① 관련성 낮은 검색어를 확장검색 키워드로 추가

② 사업과 관련된 다양한 키워드를 대량으로 추가

③ 관련성 낮은 검색어를 제외 키워드로 추가

**16** 다음 중 구글애즈의 계정에서 캠페인별로 1개만 있어야 하는 것은?

① 최대 클릭당비용(최대 CPC) 입찰가

② 비즈니스 목표

③ 방문 페이지

**17** 매출을 늘리는 것이 비즈니스 목표인 광고주가 있습니다. 이 광고주는 광고 비용에 대한 투자가 제대로 된 효과를 거두고 있는지 알고 싶어 합니다. 이 광고주의 투자수익(ROI)을 계산할 때 추가로 필요한 정보는?

① 광고의 조회율 및 상호작용수

② 제품 생산비와 광고를 통해 발생한 수익

③ 광고의 클릭수와 광고에서 발생한 수익

**18** 디스플레이 광고에서 클릭당비용(CPC) 광고가 1,000회 노출당 비용(CPM) 광고와 경쟁하는 방식에 대한 옳은 설명은?

① CPC 입찰가와 CPM 입찰가는 동일한 유형의 입찰가하고만 경쟁함

② CPM 입찰가를 사용하는 광고는 디스플레이 네트워크에서 경쟁할 수 없음

③ CPC 입찰가가 유효한 CPM 입찰가로 전환하여 경쟁함

**19** 타겟 전환당비용(CPA) 입찰에서 광고주의 전환 기록 이외에 전환수를 높이는 데 사용하는 방법은?

① 전환당비용(CPA) 목표를 이용해 전환 가능성이 있을 때 입찰가를 높임

② 클릭당비용(CPC) 목표를 이용해 전환 가능성이 있을 때 입찰가를 높임

③ 조회당비용(CPV) 목표를 이용해 전환 가능성이 있을 때 최적의 광고를 게재함

**20** 동네 입시학원을 운영하면서 광고를 통해 더 많은 예비 수강생을 모집하려는 광고주가 있습니다. 이 광고주가 광고문안에 넣을 수 있는 것은?

① 눈에 잘 띄는 광고 제목(예: '무료 강의 체험')

② 프로모션 문구(예: '인기 강좌 20% 할인')

③ 클릭 유도문안(예: '무료 수강 신청')


**21** 자신의 웹사이트를 방문한 적이 있는 유저에게 광고를 보여 주려고 하는 고객이 있습니다. 이 고객에게 권장할 수 있는 구글애즈 기능은?

① 리마케팅

② 관심분야 타겟팅

③ 전자상거래 추적


**22** 확장검색을 이용해 키워드 목록을 만들 경우 맞춤법 오류 및 복수형을 제외해야 하는 이유는?

① Google의 광고 정책에 따라 키워드 검수가 비승인 됨

② 맞춤법 오류가 없고 복수 형태인 키워드에 대해서만 광고가 승인

③ 이러한 유사 키워드는 자동으로 포함됨


**23** 전환이란?

① 검색 또는 이미지 광고를 클릭한 후 방문 페이지에 도달한 경우

② 광고 클릭 후 발생하는 비즈니스에 가치 있는 것으로 정의된 고객 행동

③ 일정 기간 동안 동영상을 시청하는 등 측정 가능한 광고와의 상호작용


**24** 브랜딩 캠페인을 운영하는 고객에게 특히 중요한 통계는?

① 전환수

② 노출수

③ 클릭률(CTR)

**25 다음 중 프랜차이즈 지점을 소유한 광고주에게 가장 적합한 광고 확장은?**

① 프로모션 광고 확장

② 위치 광고 확장

③ 판매자 평점


**26 디스플레이 네트워크에서 다음 중 광고가 웹페이지에 게재될 수 있는 경우는?**

① 웹사이트가 웹페이지의 콘텐츠와 일치하지 않은 경우

② 키워드가 웹페이지의 콘텐츠와 일치하는 경우

③ 광고 설명이 웹페이지의 콘텐츠와 일치하는 경우


**27 사용자가 음식 배달 서비스를 검색하는 순간에 광고를 게재하여 이 서비스를 광고하려는 치킨 배달 업체가 있습니다. 이 업체에 가장 적합한 캠페인 유형은?**

① '디스플레이 네트워크'

② '검색 네트워크'

③ '쇼핑'


**28 페이지의 광고 게재 여부 및 광고의 게재 순위를 결정하는 데 사용되는 값은?**

① 품질평가점수

② 광고 순위

③ 광고 개수


**29 고객의 디스플레이 네트워크 캠페인을 설정 중인데 고객의 예산 내에서 광고로 최대한 많은 클릭수를 얻으려고 합니다. 이러한 경우 사용해야 할 입찰 전략은?**

① 조회당 비용(CPV)

② 클릭수 극대화

③ 1000회 노출당 비용(CPM)

30 온라인상에서 특정 사이트에 광고를 게재하려는 광고주는 이들 웹사이트를 무엇으로 등록해
  야 합니까?

① 잠재고객

② 관심분야

③ 게재위치


31 신규 고객의 구글애즈 계정에 수백 개의 키워드가 포함된 광고그룹 1개가 있는 캠페인이 1개
  있습니다. 이 고객의 키워드를 재구성할 때 사용하면 좋을 방법은?

① 캠페인에서 키워드의 절반을 삭제

② 관련 키워드를 묶은 새 광고그룹 생성

③ 키워드 10개마다 광고그룹 1개 생성


32 광고주가 웹사이트에 방문한 적이 있는 디스플레이 네트워크 사용자를 타겟팅 하고 싶어 합
  니다. 취해야 할 조치는?

① 위치 타겟팅 사용

② 리마케팅 목록 작성

③ 게재위치 타겟팅 사용


33 인터넷 여성의류 쇼핑몰을 운영하는 고객이 특정 모델의 원피스를 더 많이 판매하려는 경우
  키워드 목록에 포함해야 할 키워드는?

① 고객이 판매하는 의류 브랜드 및 모델에 대한 구체적인 용어

② 여러 유형의 여성용 원피스에 대한 일반적인 용어

③ 모델 및 원피스에 대한 일반적인 용어


34 다음 중 광고 캠페인 실적을 모니터링하여 얻은 정보를 바탕으로 수행할 수 있는 작업은?

① 실적이 낮은 키워드를 이용해 별도의 광고그룹 만들기

② 캠페인이 전체 마케팅 목표와 전환 목표를 충족하고 있는지 확인

③ 캠페인 실적을 다른 광고주의 실적과 비교

**35 Google.com에서 검색하는 사용자를 타겟팅 하기 위해 광고주가 사용해야 할 캠페인 유형은?**

① '디스플레이 네트워크'

② '검색 네트워크'

③ '동영상 광고 캠페인'

**36 일본과 대만에 판매점을 둔 광고주가 두 위치의 사용자를 타겟팅 하도록 구글애즈 계정을 설정하는 방법은?**

① 각 지역을 타겟팅 하는 별도의 캠페인을 2개 생성함

② 각 지역을 타겟팅 하는 광고그룹을 2개 생성함

③ 구글애즈에서는 특정 위치의 사용자를 타겟팅 할 수 없음

**37 일반적으로 품질평가점수가 높아질 때 발생하는 상황은?**

① 비용 감소 및 광고 게재 순위 상승

② 비용만 감소

③ 비용 증가 및 광고 게재 순위 상승

**38 다음 중 검색 네트워크에서의 광고를 권유할 수 있는 고객은?**

① YouTube 동영상을 시청하는 사용자에게 광고를 게재하려는 고객

② 배달 서비스를 찾는 사용자에게 광고를 게재하려는 고객

③ 블로그에서 시에 관심이 있는 사용자에게 광고를 게재하려는 고객

**39 광고그룹 1개에서 여러 개의 광고를 이용할 때의 장점은?**

① 클릭수에 맞춰 최적화할 경우 광고가 자동으로 로테이션되면서 실적이 가장 우수한 광고가 더 자주 게재됨

② 광고그룹에 광고가 2개 이상 있는 경우에만 광고 확장이 표시될 수 있음

③ 광고그룹에 광고가 2개 이상 있는 경우에는 광고가 균등하게 노출이 됨

**40 35~44세 여성에게 광고를 게재하고 싶을 때 광고주가 사용해야 할 타겟팅 옵션은?**

① 관심분야 타겟팅

② 인구통계학적 타겟팅

③ 키워드 타겟팅

## 41 YouTube 쇼핑 광고의 설명으로 옳은 것은?

① 쇼핑 광고는 YouTube의 프리롤 동영상 광고에만 게재할 수 있음

② 쇼핑 광고는 Google 검색 파트너 웹사이트에만 게재할 수 있음

③ 쇼핑 광고는 광고주 웹사이트에만 게재할 수 있음

## 42 다음 중 검색 네트워크를 해야 하는 경우는?

① 다양한 광고 소재(예: 동영상 및 이미지 광고)를 이용하려는 경우

② 자신의 비즈니스와 관련된 모든 지면에 광고를 노출하고 싶어서

③ 자신의 제품 또는 서비스를 검색하는 고객에게 광고를 게재하려는 경우

## 43 쇼핑몰을 소유한 광고주는 오프라인 매장에 전화가 더 많이 걸려오도록 유도하고 싶습니다. 고객에게 걸려오는 통화수를 추적할 때 사용해야 할 구글애즈 도구는?

① 도달범위 및 게재빈도

② 전환추적

③ 클릭수

## 44 광고주의 구글애즈 계정을 새롭게 만들어야 하는 경우 가장 효과적으로 캠페인을 만들 수 있는 방법은?

① 광고주의 웹사이트 구조에 기반해 캠페인 만들기

② 고객에게 제공하는 모든 상품라인을 광고하는 캠페인 1개 만들기

③ 관련 키워드를 모은 광고 그룹을 여러 개 만들기

## 45 헬스케어 브랜드의 인지도를 높이려는 경우 디스플레이 네트워크 캠페인에 적용해야 할 변경 사항은?

① 일일예산을 높이고, '구매하기'와 같이 명확한 클릭 유도 문안이 들어간 텍스트 광고 추가

② 헬스 및 건강, 운동에 관심이 있는 사람들을 타겟팅 하는 동일 관심분야 잠재고객 추가

③ 헬스케어 브랜드의 제품을 볼 가능성이 큰 대도시 지역을 타겟팅

**46  다음 중 반경 타겟팅을 권장할 수 있는 고객은?**

① 특정 도시를 광고 타겟팅에서 제외하려는 광고주

② 5km 이내의 고객에게 서비스를 제공하는 광고주

③ 특정 지역에 제품을 홍보하려는 광고주


**47  구매의도 잠재고객 타겟팅을 이용할 경우 광고가 노출되는 대상은?**

① 특정 위치에 있는 사용자 집단

② 특정 분야에 구매 고려 군에 속하는 웹사이트

③ 특정 분야에 적극적으로 구매의사를 가진 사용자 집단


**48  웹사이트를 방문한 적이 있는 사용자에게 광고를 게재할 수 있는 타겟팅은?**

① 주제 타겟팅

② 리마케팅

③ 키워드 타겟팅


**49  데스크탑에서 최대 CPC 입찰가 1,000원으로 좋은 실적을 내는 캠페인이 있다고 가정해 보겠습니다. 데스크탑에서 더 많은 고객에게 광고를 게재하기 위해 휴대기기 검색에 대해 20%의 입찰가 상향을 설정했습니다. 데스크탑 검색에 대한 최종 입찰가는?**

① 1,200원

② 2,000원

③ 800원


**50  YouTube 광고를 모바일 기기에만 노출할 수 있는 방법은?**

① 데스크탑 입찰가 100% 감액

② 모바일 입찰가 100% 증액

③ 데스크탑 입찰가 50% 감액, 모바일 입찰가 50% 증액

# [ Google Ads 모바일 인증 시험 응시하기 ]

모바일 광고 인증 시험은 'Academy for Ads(https://academy.exceedlms.com)'에서 진행할 수 있다. 아래 프로세스를 따라 모바일 인증 시험에 응시 해보자

## 1단계_구글 검색창에 'Academy for Ads' 검색한 후 관련 링크 클릭

## 2단계_'지금 시작하기' 클릭

### 3단계_'서비스 약관' 체크 후 '다음 단계' 클릭

### 3단계_'서비스 약관' 체크 후 '다음 단계' 클릭

한권으로 끝내는 구글 모바일 앱 광고

## 5단계_모바일 인증 시험 시작하기(단, 기초시험을 통과 해야 가능)

## 6단계_모바일 광고 평가 클릭 〉 시험 시작하기

PART 11

# 구글 모바일 광고
# '완전 정복'을 위한
# 용어정리

### 계정

구글의 광고 프로그램인 구글애즈(Google Ads)를 이용할 수 있는 하나의 사용자 단위로, 이메일과 휴대전화 번호 등이 있으면 누구나 만들 수 있다.

### 검토 중

구글애즈에서는 광고소재를 등록한 이후 검수가 완료될 때까지 약 24시간(영업일 기준 만 1일)이 소요된다. '검토중'은 현재 등록된 광고소재를 시스템에서 검토하고 있는 것을 의미한다.

### 구글애즈(Google Ads)

2000년 10월 23일 구글이 개발한 구글의 광고 프로그램이다. 구글애즈는 우리에게 익숙한 구글 애드워즈(Google Adwords)의 새로운 이름으로, 2018년 9월부터 정식 사용 됐다. 구글애즈에서는 검색 광고, 디스플레이 네트워크 광고(이하GDN), 유튜브 동영상 광고, 모바일 앱 광고 등을 할 수 있다.

### 게재 빈도 설정

게재빈도는 인당 광고 노출수 횟수 지정하는 기능이다. 특정 기간 동안은 물론 캠페인, 광고그룹, 광고 각 광고 단위별로도 노출 횟수 관리를 할 수 있다.

### 게재 위치

광고를 게재할 수 있는 지면을 말한다. 구글 검색 광고는 구글의 검색결과, GDN은 제휴가 되어 있는 웹사이트 및 앱, 유튜브는 유튜브 영상 시청 페이지 등이 광고 게재위치가 된다.

### 게재위치타겟팅

자신이 원하는 광고 지면을 직접 선택해 광고를 노출할 수 있는 큰 장점이 있다. 자사의 상품과 서비스를 이용할 만한 유저들이 많이 찾을 것 같은 구글 디스플레이 광고 지면을 직접 선택할 수 있고, 광고 효율이 우수한 지면을 지정하여 집중적인 광고 노출이 가능하다.

### 계정 예산

특정 기간 동안 사용할 광고 비용을 설정하는 것으로, 계정 예산이 모두 소진되면 광고는 자동으로 노출 종료된다. 예산 기간 종료 여부와 광고비 잔액 관리가 중요하다.

### 계정 변경 기록

최근 2년 동안 계정 내에서 변경된 모든 사항을 확인할 수 있는 기능이다. 누가(이메일), 언제, 어떤 방식으로 설정을 변경하였는지 세부 정보를 볼 수 있다.

### 구글 네트워크

구글 광고가 게재되는 지면을 이야기 하는 것으로, 구글 검색결과 페이지, 구글 지도, 구글 검색 파트너사, 유튜브, Gmail, 수 만여 개의 파트너 웹사이트와 앱 지면으로 구성되어 있다.

### 고객 ID(CID)

구글애즈 계정의 고유 식별 번호이다. 10자리로 되어 있으며, 구글애즈 고객센터 문의 시 꼭 확인해야 하는 정보이다.

### 광고게재순위

현재 자신의 광고가 노출 되고 있는 순위를 이야기 한다. 검색 광고의 경우 1위부터 9위까지 순위가 나타나지만 디스플레이 광고는 해당 영역의 한 개의 광고소재만이 노출이 되어 '1순위'가 되어야 광고가 노출된다. 광고게재순위는 광고품질평가점수와 최대 CPC 입찰가로 정해진다.

### 광고확장

검색 광고 시 사용하는 기능이다. 검색결과에서 사업장 주소와 전화번호, 다양한 서비스 등을 함께 노출 수 있는 유용한 기능이다.

### 네이티브 광고

구글 디스플레이 광고에서 반응형 광고 소재가 네이티브 광고이다. 광고의 노출 방식과 포

맷이 자동으로 조절 되어 광고게재 지면에 자연스럽게 노출된다. 광고의 형식이 모바일 노출에 최적화 되어 있어 노출량이 매우 높은 것이 장점이다.

### 노출수

광고가 게재된 횟수로, 구글 디스플레이 네트워크 이미지, 동영상 등의 광고 소재가 게재될 때 광고노출 횟수는 1회 카운팅 된다.

### 동영상 재생 진행률

- 25%는 동영상이 재생 시간의 25%까지 재생된 횟수
- 50%는 동영상이 재생 시간의 중간까지 재생된 횟수
- 75%는 동영상이 재생 시간의 75%까지 재생된 횟수
- 100%는 동영상이 끝까지 재생된 횟수

### 디스플레이 네트워크

구글이 보유한 자사 광고게재 지면으로 웹사이트, 동영상, 앱으로 구성되어 있다. 특히 국내의 경우 주요 언론사 및 커뮤니티 등을 기반으로 한 6만 여개의 웹 지면과 6만 여개의 앱 지면을 보유, 약 93% 의 도달율 달한다.

### 딥링크

웹/앱 상의 상세페이지, 최종 도착 URL과 같이 앱의 특정 페이지로 연결하는 링크이다.

### 리마케팅

구글 디스플레이 광고 중 하나의 타겟팅 기법으로, 이전 사이트에 방문한 유저를 대상으로 디스플레이 네트워크 상에서 다시 한번 광고를 노출할 수 있다.

### 무효클릭(부정클릭)

비정상적인 클릭을 일컫는 말이다. 구글에서는 악성 프로그램 및 유저의 비정상적인 클릭 행위에 대해 모니터링 한다. 이후 무효클릭에 대해서는 광고비를 청구하지 않고 마이너스 금

액을 인보이스에 반영에 '0원' 상계 처리를 한다.

### 키워드(문맥) 타겟팅

키워드(문맥)를 사용하여 구글 디스플레이 네트워크 내 관련성 높은 광고 게재 지면에 광고를 게재하는 방식이다. 여기서 중요한 것은 광고그룹 내 키워드 하나하나가 별개로 매칭이 되는 것이 아닌 광고 게재 지면, 즉 웹사이트 각 지면의 콘텐츠 내용과 종합적으로 매칭을 하기 때문에 하나의 광고그룹에 동일한 내용의 키워드를 사용하는 것이 좋다.

### 방문페이지

광고를 클릭하면 열리는 광고주의 웹페이지로, 랜딩URL로 불린다. 구글 디스플레이 광고에서는 블로그, 카페, SNS 등의 특정 페이지를 모두 방문 페이지로 사용할 수 있다.

### 반응형 광고

구글 디스플레이 광고 소재 형식 중 하나로 이미지와 텍스트를 이용하여 모바일에 최적화된 네이티브 광고이다. 특히 각 게재지면별로 소재의 크키와 모양, 형식이 자동 조절된다.

### 선점 도메인 사이트

사이트 소유자가 도메인 구매 이후 아무런 콘텐츠를 게시하지 않은 이른바 깡통 웹사이트를 말한다.

### 수동결제

계정의 광고비 충전 방식으로, 사용하고 싶은 만큼의 광고 비용을 직접 신용카드, 계좌이체, 휴대폰결제 등으로 반영할 수 있다.

### 수동 CPC(Cost Per Click) 입찰

캠페인 이하 광고그룹 단위에서 직접 CPC 입찰가를 설정하는 입찰 방식이다.

### 순쿠키수

사용자 컴퓨터의 개인 브라우저에 고유한 쿠키(사용자가 방문한 웹페이지에 사용되는 환경설정과 기타 정보를 저장함)의 개수이다. 게재빈도 설정하면 순사용자 기준으로 유튜브 광고가 노출되는 최대 횟수를 관리할 수 있다.

### CPA(Cost Per Action)

특정 액션당 비용으로 예를 들어 레벨 10 달성당 비용, 인앱 구매당 비용 등으로 정의하여 성과 측정을 할 수 있다.

### CPI(Cost Per Install)

모바일 앱 설치 광고 때 사용되는 용어로 인스톨 당 비용으로 성과 측정을 하게 된다.

### CPV(Cost Per View)

트루뷰 광고의 과금방식으로 영상에 대한 조회(시청) 또는 클릭 발생 시 과금비용이다.

### CPM(Cost Per Mille)

노출수를 기반으로 한 광고 구매 방식이다. CPM은 1,000회 노출당 비용이며, 노출량을 극대화 해 브랜드 인지도를 높이는 목적의 광고방식에서 많이 사용되는 입찰 방식이다.

### CTR(Click Through Rate)

광고 노출 대비 클릭 된 횟수(클릭수/노출수 = CTR)이다.

### 스마트 입찰

전환을 잡고 있는 캠페인에서, 전환 성과를 극대할 수 있는 입찰 방식이다. 머신 러닝을 통해 기존 전환의 형태를 분석하여 최적화 된 전화 성과를 만들어 준다. 타겟 CPA, 타겟 광고 투자수익(ROAS), 향상된 CPC 입찰기능 등이 모두 스마트 자동 입찰 전략에 속한다.

### SDK(소프트웨어 개발 키트)

Firebase, 타사 앱 분석을 활용하기 위해 앱 내 삽입되어야 할 측정도구이다.

### UAC(Universal App Campaign)

구글의 모바일 앱 광고 상품이다. 모바일 앱 마케팅의 필수이자 핵심인 구글 유니버설 앱 캠페인은 별도의 타겟팅 설정 없이도 구글이 보유한 검색(Google.com), 디스플레이 네트워크, 유튜브, 구글 플레이, Gmail 등 다양한 네트워크에서 자사의 광고를 노출 시켜 앱 설치를 유도할 수 있다. 광고 소재로 사용할 간단한 몇 줄의 텍스트, 이미지 배너, 동영상과 위치/언어/일예산/입찰가만 설정하면 된다.

### Active View

동영상 광고는 광고영역의 50% 이상이 화면에 나타나고 동영상이 2초 이상 재생될 때 카운팅 된다.

### 애드센스(AdSense)

애드워즈와 반대 개념의 광고 프로그램으로, 구글이 지난 2003년 6월18일 선보였다. 애드센스는 트래픽을 갖고 있는 웹사이트, 애플리케이션, 동영상 소유주라면 가입을 통해 구글과 광고 수익을 창출하고 나눌 수 있다.

### 앱 인게이지먼트(App Engagement Campaign)

앱 내 콘텐츠에 관심이 있는 유저 또는 기존 사용자에게 앱 사용을 유도하는 캠페인이다. 앱 인게이지먼트 광고를 활용하기 위해서는 딥링크 설정이 선행되어야 한다.

### 예산 제약

캠페인에 설정한 일예산이 실제 시스템에서 권장하는 예산보다 적을 경우 표시된다. 예산 제약이 표시되면 일단 광고가 잘 운영된다는 의미로, 더 좋은 성과를 얻고자 한다면 예산 증액도 고려해봐야 한다.

### 위치타겟팅

캠페인 단위에서 설정 가능하며, 자신이 원하는 국가, 지역을 선택하여 광고를 집행할 수 있다. 구글애즈 캠페인에서 위치타겟팅은 기본적으로 2가지 원리가 적용된다. 하나는 유저의 물리적/지리적 위치를 기반으로 한 광고노출, 다른 하나는 유저의 관심사를 기반으로 한 광고노출이다.

### 인앱 액션

앱 내 특정한 이벤트(구매, 레벨10 달성, 튜토리얼 완료)를 지칭한 용어로 유저들이 앱을 설치 후 이뤄지는 활동에 대한 내용이다. 구글 UAC 캠페인을 활용하면, 앱 설치 외에 인앱 액션에 대한 최적화를 진행할 수 있다.

### 일예산

각 캠페인에서 하루 사용하고자 하는 광고 비용을 설정하는 금액이다. 다만 광고 노출이 원활하고 유저들의 클릭을 많이 받을 경우 시스템에서 설정한 일예산보다 최대 2배까지 더 집행 할 수 있다. 일예산의 초과 지출로 인해 계정 내 결제(충전) 한 광고비용이 더 청구 되진 않지만 일예산 지출이 예상치 보다 많을 경우 적게 설정하는 것이 좋다.

### 자동입찰

해당 캠페인의 일예산 내에서 최대한 많은 클릭을 얻고자 하는 입찰 방식으로, 입찰가 한도를 꼭 설정해야 한다.

### 전환

광고의 목표를 나타내는 지표이다. 웹사이트 내에서의 회원가입/구매, 앱 설치, 인앱 구매, 전화통화 등의 유저 행동을 의미한다.

### 전환율

광고 클릭수가 전환으로 이어진 비율을 나타내는 지표이다. 광고 클릭수 1,000회가 5개의 전환으로 이어진 경우 전환율은 0.5%이다.

### 조회수

유저가 동영상을 조회(시청)한 횟수이다.

### 조회율(VTR, View Through Rate)

광고 노출 대비 조회(시청)한 비율(조회수/노출수 = VTR)이다.
ex) 조회수가 10회, 노출수가 100회인 경우 VTR은 10%가 됨

### 조회 가능 CPM(vCPM) 입찰

구글 디스플레이 광고 배너는 1초 이상, 동영상 광고는 2초 이상 화면의 50% 이상 게재된 경우에 노출수로 카운팅 하는 방식이다. 실질적으로 유저가 광고를 인지할 수 있는 노출 위치와 표시 방식에 대해서만 유효 노출수로 카운팅 할 수 있는 입찰이다.

### 최대 CPC 입찰가

클릭당 지불할 수 있는 최대 금액이다. 실제 CPC 과금 비용은 설정한 CPC 입찰가를 절대 초과 하지 않는다. 최대 CPC 입찰가는 광고 게재순위에 영향을 미친다.

### 최종 도착 URL

광고를 클릭하면 열리는 웹사이트 URL 주소이다.

### 코드리스(codeless): 코드를 사용하지 않고 전환 추적

구글 플레이의 전환 데이터를 통해 안드로이드에 한하여 앱 설치 및 인앱 활동을 확인할 수 있다.

### 캐시

웹 서핑 시 인터넷 브라우저를 통해 수집되는 데이터를 임시로 저장하는 곳으로, 평소 즐

겨 방문하는 웹사이트 데이터이 저장된다.

### 캠페인

구글 광고의 컨트롤타워와 같다. 캠페인에서는 광고에 필요한 가장 중요한 요소인 광고 상품, 일예산, 입찰 방식, 위치, 언어 등을 설정한다.

### 쿠키

사용자가 방문한 웹페이지에서 사용되는 환경설정과 기타 정보를 저장하기 위해 사용자 컴퓨터에 저장되는 작은 파일이다. 쿠키는 특정 웹사이트에 대한 사용자 설정을 저장할 수 있고 방문자가 특정 웹사이트에 도달한 방법이나 웹사이트 방문자의 행동을 추적하는 데 사용되고 있다.

### 클릭수

유저가 광고를 클릭한 횟수를 말한다.

### 키워드

광고를 하는 제품과 서비스를 소개하고 나타내는 단어이다. 구글 검색 광고, GDN 문맥(키워드)타겟팅, 유튜브 문맥(키워드)타겟팅에서 사용한다.

### 타겟 CPA 입찰

타겟 CPA는 전환당비용으로 최대한 많은 전환을 발생시키기 위해 사용되는 입찰 전략이다. 모바일 앱 설치 캠페인에서도 활용 가능한 입찰전략으로 머신러닝을 통해 CPC와 CPM 등의 입찰가를 자동으로 최적화하는 실시간 입찰 기능을 제공한다.

### 타사 앱 분석

타사 앱 분석 서비스 업체를 사용하여 모바일 앱 전환을 추적하고 측정할 수 있다. 대표적인 업체로는 adbrix, Tune, Appsflyer, adjust 등을 예로 들 수 있다.

### 투자수익(ROI)

지출한 광고 비용 대비 발생한 수익을 말하는 지표이다.

### Firebase

구글 앱 애널리틱스로 말할 수 있으며, 앱 사용 및 사용자 참여도에 대한 통계를 제공하는 무료 앱 측정 솔루션이다.

### 표시 URL

표시 URL은 구글 디스플레이 광고에 있어 중요 개념은 아니다. 검색 광고, 유튜브 트루뷰 광고에서 광고가 표시될 때 노출 되는 것으로, 유저에게 광고를 클릭 했을 때 어떤 페이지로 이동하는 지에 대한 정보를 보여준다. 하지만 실제 랜딩페이지는 최종 도착 URL이 열리게 된다.

### 품질평가점수

유저들에게 얼마나 우수한 광고를 내보내고 있느냐를 평가하는 지표이다. 품질평가점수는 1~10점까지로 CTR이 결정적인 역할을 한다. 품질평가점수가 높으면 광고게재순위가 상승하고, CPC가 낮아져 광고 효율을 높일 수 있다.

### 향상된 CPC 입찰기능(ECPC)

전환수를 극대화 하기 위해 CPC 입찰가를 유동적으로 가져가는 입찰 방식이다. 전환으로 이어질 수 있는 유저의 형태 or 게재지면에서는 상대적으로 높은 CPC로 참여해 노출 점유율을 높이고, 반대로 전환으로 이어질 수 있는 가능성이 낮을 경우 CPC 입찰가를 낮춰 입찰하는 방식이다.

모바일앱을 통한 비즈니스가 모든 부분에서 빠르게 중심이 되어가는 시대에, 구글 모바일 광고를 통한 마케팅은 더욱 중요하고 필수적인 수단이 되고 있습니다. 이미 두 권의 구글, 유투브 마케팅 관련 책을 출간한 임현재 저자의 세번째 '구글 모바일 마케팅'은 이론서가 아닌 실전 마케팅 실행서로써 구글이 인정하는 최고 전문가가 여러분께 핵심적인 실행 전략과 사례를 제시해 드리는 바이블이 될 것입니다.

디지털퍼스트 대표 **장덕수**

전세계적으로 스마트폰이 대중화되면서 모바일앱 생태계가 폭발적으로 성장했지만 그 속에서 자신의 모바일앱/게임을 홍보하고 유저를 모객 하는 것은 더욱 어려워졌습니다. 이 와중에 구글의 모바일앱 광고 솔루션을 한 권으로 풀어낸 책이 출간돼 매우 반갑습니다. 임현재 저자는 '한국 구글 광고 솔루션의 개척자'로서 누구보다 먼저 구글 캠페인에 집중하고 오랫동안 고민해온 분입니다. 구글의 UAC 솔루션은 머신러닝에 기반한 자동 최적화가 가장 큰 특징이지만, 동일한 앱이라도 이를 실제로 운영하는 마케터의 역량에 따라 퍼포먼스가 크게 달라집니다. 매체 운영에서 매우 높은 비중을 차지하는 구글 광고에 대해 많은 앱/게임 마케터 분들이 이 책을 통해 노하우를 얻으시기 바랍니다.

Google, Business Solution 본부, 게임/앱 Industry Manager **이현규**

웹 브라우저 시대를 넘어 모바일까지 구글은 여전히 매력이 넘치는 플랫폼인 동시에, 아직까진 친절하게 가이드라인을 제공하는 플랫폼은 아닙니다. 임현재 저자는 구글 광고 플랫폼에 대한 기술적, 논리적 이해를 기반으로 한 모바일 광고 현업 종사자 입니다. 또 다양한 케이스의 모바일 광고에 대한 경험과 수 많은 전문 강의를 통한 아카데믹한 지식까지 구글 광고 플랫폼의 최고 전문가라 할 수 있습니다. 이 책은 광고주와 마케터 등 구글 플랫폼에 대한 광고계의 다양한 니즈를 충족해 줄 것 입니다. 작은 도서관처럼 즐겨찾기를 추천합니다

디지털퍼스트 트레이딩웍스사업실 실장 **지성복**

한 권 으 로 끝 내 는 구 글 모 바 일 앱 광 고

# Google
## 모바일 앱 마케팅

1판 1 쇄 인쇄 2019년 2월 1일
1판 1 쇄 발행 2019년 2월 10일

―

지 은 이  임현재, 이계열, 여정기, 김현진
발 행 인  이미옥
발 행 처  디지털북스
정　　가  12,000원
등 록 일  1999년 9월 3일
등록번호  220-90-18139
주　　소  (03979) 서울 마포구 성미산로 23길 72 (연남동)
전화번호  (02) 447-3157~8
팩스번호  (02) 447-3159

―

ISBN 978-89-6088-245-4 (03320)
D-19-02

**DIGITAL BOOKS**
디지털북스